Mais do que um jogo

Teoria e prática do jogo em psicoterapia

Dados Internacionais de Catalogação na Publicação (CIP)
(Câmara Brasileira do Livro, SP, Brasil)

Población Knappe, Pablo
  Mais do que um jogo : teoria e prática do jogo em psicoterapia / Pablo Población Knappe ; |tradução Ruth Rejtman|. — São Paulo : Ágora, 1998.

  Título original: Teoria y práctica del juego en psicoterapia.
  Bibliografia.
  ISBN 85-7183-645-0

  1. Psicodrama 2. Psicoterapia I. Título.

98-2952

CDD-616.891523
NLM-WM 430

Índice para catálogo sistemático:

1. Jogos dramáticos : Psicodrama : Medicina   616.891523

Mais do que um jogo
Teoria e prática do jogo em psicoterapia

Pablo Población Knappe

ÁGORA

Do original em língua espanhola
Teoría y práctica del juego en psicoterapia
Copyright © 1997 by Pablo Población Knappe

Tradução:
Ruth Rejtman

Capa:
BVDA - Brasil Verde

Editoração Eletrônica:
Acqua Estúdio Gráfico

Proibida a reprodução total ou parcial
deste livro, por qualquer meio e sistema,
sem o prévio consentimento da Editora.

EDITORA AFILIADA

Todos os direitos reservados pela
   Editora Ágora Ltda.
   Rua Itapicuru, 613 — cj. 82
   05006-000 — São Paulo, SP
   Telefone: (011) 3871-4569
   http://www.editoraagora.com.br
   e-mail: editora@editoraagora.com.br

Dedico este livro aos meus companheiros de jogo na vida e, entre eles, muito especialmente aos meus filhos Helena, Pablo e Patricia, à minha mulher, Elisa, aos meus alunos e, agora, na maravilhosa espiral da vida que é ser avô, ao meu neto Ricardo.

AGRADECIMENTOS

Agradeço muito especialmente a Elisa López Barberá pelo esforço que fez para conseguir tempo e espaço em suas muitas ocupações para ler, comentar, sugerir e, em suma, ajudar-me na tarefa de escrever este livro. Sou-lhe grato por ter-me cedido suas fichas de jogos, sobretudo com casais, famílias e tudo, sempre, com amor.

Também toleraram minhas perguntas, consultas e solicitações meus amigos e colegas Teodoro Herranz Castillo e Benito Peral Ríos.

Por último, quero comentar o quanto Teresa Jarén Rodríguez teve de agüentar como secretária, digitando e corrigindo os originais manuscritos que lhe entregava com minha letra difícil.

Desejo destacar, de modo muito especial, que esta edição se tornou possível graças ao interesse, ao esforço e à dedicação do doutor Sergio Perazzo. Obrigado, Sergio, grande amigo.

ÍNDICE

Prefácio 13

Introdução 17

1. PSICOTERAPIA — RELAÇÃO E AÇÃO 21
O caminho da psicoterapia 21
    A psicoterapia torna-se tridimensional e começa a movimentar-se 22
    A psicoterapia deixa de ser uma conduta médica e passa a ser um ato lúdico 23
    A psicoterapia busca ajudar um indivíduo ou grupo a sair de sua inércia ou de suas crises patológicas 24
    Os modelos sistêmicos do encontro entre o velho psicodrama e sua descendência 25
O jogo 27
    Curiosidade e jogo 28
    Jogo e aprendizado 31
O jogo dramático 34
    O que é o jogo dramático 34
    Jogo e essência da psicoterapia 35

2. O CORPO QUE JOGA 43
O corpo em terapia 43
Aspectos comuns a todos os tipos de grupos 45
    O corpo pensativo 45
    O corpo mostrado 48
    Topologia e proxemia 51

Aspectos próprios dos grupos "ativos" 53
    Ação e interação 53
    A interação 55
    O contato corporal 56
Tipos de *acting*, "sadios" e "doentes" 65
Espaço e tempo 68
    Espaço e ação 68
    Tempo e ação 68
O corpo no grupo 69
    O corpo sentado 69
    O corpo atuando 71
    O corpo no comentário 72

3. JOGOS E EXERCÍCIOS 73
Idéia geral 73
O texto da cena representada 75
Quem interpreta o texto? 77
Mito e ritual nos jogos 82
Técnicas psicodramáticas 84
    Definição 84
    Classificação das técnicas psicodramáticas 85
        O duplo 87
        Espelho 89
        Mudança de papéis 90
        Solilóquio 93
        Auto-apresentação 95
        Aparte 95
        Comunicação não-verbal 96
        Comunicação oral não-verbal 96
Jogos e exercícios 97
    Idéias gerais 97
    Jogos 100
    Exercícios 100
Oito passos na aplicação de uma técnica 101
    Percepção, elaboração e avaliação do momento no qual se
        encontra o processo do sistema em tratamento 101
    Tomada de decisão sobre a conveniência ou não de introduzir
        uma técnica ativa no discurso verbal, naquele momento do
        drama terapêutico 102
    Escolha de uma técnica concreta 102
    Modo e estilo de concretizar a proposta técnica 103
    O momento de explicar ou dar as informações ou instruções
        sobre a técnica 105

Desenvolvimento instrumental da técnica	105
O terapeuta no decorrer do jogo dramático	105
Comentários	106

4. CLASSIFICAÇÃO DOS JOGOS E EXERCÍCIOS ... 111

Algumas classificações de outros autores	111
As fases da evolução grupal	114
Antecedentes	114
Nossa construção das fases grupais	121
Fase caótica	123
Fase de fundamentação	124
Fase familiar	126
Fase de estruturação social	129
Classificação dos jogos e exercícios de acordo com as fases do grupo	131
Jogos e exercícios de cada bloco	132

5. DESCRIÇÃO DOS JOGOS E EXERCÍCIOS ... 137

Exercícios	138
Iniciar o grupo	138
Cristalizando a matriz	138
Minha família e eu	146
Vejamos a dependência	146
Lutando com a dependência	147
Planejando a independência	149
O último toque	153
Quando o grupo termina	153
Para qualquer etapa ou fase	154
Casos especiais	155
Bipessoal	155
Duplas ou casais	156
Família	157
Infância e adolescência	157
Jogos	157
Iniciar o grupo	157
Cristalizando a matriz	161
Criar o grupo	161
Primeiro encontro com os deuses	163
Minha família e eu	166
Vejamos a dependência	166
Lutando contra a dependência	168
Planejando a independência	172
O último toque	177

Quando o grupo termina.. 179
Para qualquer etapa ou fase 182
Casos especiais 183
    Bipessoal 183
    Duplas 184
    Família 185
    Infância e adolescência 185

Epílogo 187

Bibliografia 191

PREFÁCIO

Guardo de Pablo Población, das muitas coisas que trocamos nestes anos em que nos tornamos amigos, uma fotografia que tirei quando estivemos juntos em Segóvia. Nela, Pablo ensaia um passo de dança, que me parece autêntico flamenco, diante dos arcos de pedra seculares do aqueduto que marca a presença romana na Espanha, a mesma Espanha dos celtíberos que não temeram enfrentar Aníbal e Cipião, o "Africano", até a morte.

A alegria, em que não falta um certo ar de desafio, vivida num tempo em que se mesclam presente e passado acenando graciosamente para o futuro, é a marca registrada que Pablo Población imprime, ao seu redor, a todo aquele que dele se aproxima e, como não poderia deixar de ser, neste seu belíssimo livro *Mais do que um jogo*.

Como ele próprio nos diz na introdução, a longa gestação de suas idéias precisou de muito amor, como a Bela Adormecida, para se concretizar nas páginas em que grava não só a sua enorme experiência como psicoterapeuta e, particularmente, como psicodramatista e professor de psicodrama, como também a sua notável capacidade de teorizar sobre a prática clínica, com a desenvoltura de quem sobrepassa tranqüilamente a tentação de fazer do assunto "jogos" uma simples listagem de procedimentos técnicos recomendados aos iniciantes.

Muito mais do que algumas opiniões próprias sobre a sua prática profissional, como o autor quer, modestamente, nos fazer acreditar, a sua sensibilidade oportuna nos remete, em primeiro lugar, diretamente ao conceito tridimensional da psicoterapia, entendida aqui como um campo privilegiado do exercício da relação e da ação.

Recuperar Moreno e lhe fazer justiça como pioneiro da terapia grupal e como introdutor das técnicas de ação, é recolocá-lo no lugar de destaque como um verdadeiro revolucionário apontador dos novos caminhos da psicoterapia, tal qual a conhecemos hoje.

A passagem da psicoterapia do *status* de um ato médico para o de um ato lúdico e a concepção do terapeuta como um "co-criador do processo terapêutico", mais que só um "co-experimentador", marca uma diferença de postura que se configura como um divisor de águas pré e pós-morenianas.

Não é, pois, por acaso, que Pablo Población foi buscar na tridimensionalidade da psicoterapia, no ato lúdico e na co-criação do terapeuta, os fundamentos básicos da teoria dos jogos.

Mais ainda, ao utilizar "indistintamente conceitos e linguagens" tanto do campo psicodramático quanto do sistêmico, ele demonstra indubitavelmente o paralelismo entre estas duas áreas de conhecimento. Pablo Población tem razão mais uma vez. Não podemos deixar de nos convencer, lendo este livro, de que Moreno, sem o saber, foi também um precursor, com sua construção psicodramática, das formulações posteriores da teoria sistêmica.

É desta forma que somos introduzidos no estudo dos jogos, com seus limites, liberdade e invenção. A correlação entre curiosidade, jogo e aprendizagem, vai aos poucos tecendo o caminho que desemboca na concepção de jogo dramático, em que não falta a ancoragem firme à teoria da espontaneidade-criatividade moreniana e ao "espaço-tempo não cronológico" da categoria momento.

O jogo é entendido aqui como a essência da psicoterapia, a via capaz de romper com a cristalização de um passado para construir criativamente um projeto existencial para o futuro em permanente movimento.

A partir destas coordenadas bem traçadas, Pablo Población nos introduz na concretude dos jogos através do corpo que joga, o corpo em ação. Nesta perspectiva, ele nos dá uma visão ampla e generosa das possibilidades de libertação do corpo aprisionado. O corpo em terapia, o corpo que se mostra, o espaço ocupado pelo corpo, a sua interação grupal, o compartilhamento e o contato corporal em todas as suas dimensões, desde o desejo sexual e a busca de calor e ternura até a hostilidade, o medo e as ritualizações a que estão sujeitos, são alguns exemplos de abordagens deste estudo.

O Capítulo 5 tem continuidade com uma interessantíssima discussão que articula o tema à noção moreniana e sociométrica de tele e, particularmente, de tele negativo como um fator de separação e de desencontro nos corpos que atuam numa relação. A isto se acrescentam, num sentido ampliado, as "inibições psicossociais" decorrentes de uma "rejeição 'cultural'", de que são exemplos o "classismo" e o "racismo".

A diferenciação de atuações ("acting") doentes ou sadias, no cenário terapêutico, é uma contribuição fundamental de Moreno às psicoterapias, sendo estudada aqui em suas implicações caracterizadoras do corpo espontâneo e do corpo em ação que atua livremente e que, assim atuando, redefine o modo e o propósito do próprio método psicoterápico.

A inserção do espaço e do tempo na ação e o movimento corporal no grupo completam a sua visão particular desta interação corpo-ação-drama-inter-relação, sem a qual não é possível entender a essência dos jogos.

Se Pablo Población terminasse o livro neste ponto, já teria contribuído decisivamente para o desenvolvimento da teoria dos jogos e, mais especificamente, para a teoria do psicodrama. No entanto, Pablo, não satisfeito com isso, vai mais além. Ao nos falar de jogos e exercícios, ultrapassa a simples descrição, remetendo-nos ao jogo como meio de exploração "das condutas de um mundo relacional" e, como tal, o instrumento que, ao mesmo tempo, constrói e desvenda a cena representada, com seus textos, subtextos, intérpretes espontâneos, mitos e rituais.

Traça uma metodologia clara aplicada ao papel de terapeuta e nos descreve e fundamenta teoricamente cada uma das técnicas psicodramáticas essenciais em nossa prática clínica, não deixando de nos situar quanto às diferenças que devem ser feitas entre jogos e exercícios.

Como um cirurgião, disseca para nós, com precisão metodológica, os "oito passos na aplicação de uma técnica", uma verdadeira aula magna de estratégica psicoterápica, aplicável ao cotidiano dos jogos e dos processos psicoterápicos, capaz de iluminar os passos de qualquer terapeuta na escolha mais adequada de seus procedimentos técnicos.

A revisão minuciosa das diversas classificações de jogos na literatura especializada, que encontramos no Capítulo 4, é capaz de nos dar a exata dimensão de que é impossível apreender em limitados itens classificatórios tudo aquilo que depende de uma conexão com a criatividade.

Jogo e criação andam de mãos dadas. Se a criatividade é abrangente demais para conseguirmos limitá-la a uma classificação didática, os jogos, que dela dependem diretamente, são igualmente classificáveis apenas parcialmente e ao gosto operacional de cada autor que se aventure a tal sistematização.

Por isso mesmo, Pablo Población preferiu vincular a utilização de jogos às fases evolutivas do grupo, conferindo a eles um dinamismo que nos dá uma idéia consistente, como um filme que aos poucos se revela, de que os vínculos não só estão em permanente movimento, como também a construção gradativa da inter-relação humana passa por um processo obrigatório de lento amadurecimento.

É desta forma que ele nos descortina um repertório consistente de jogos, fruto de sua vivência clínica, sempre vinculada às fases de desenvolvimento grupal, o que nos permite reconhecer o momento oportuno de utilizá-los em qualquer situação psicoterápica e, mais notavelmente, no psicodrama.

Discordo de Pablo Población apenas quando ele nos diz que este repertório de jogos só interessa ao aprendiz. Ao contrário, quanto mais experiência o terapeuta tiver, mais fácil será reconhecer o momento, a estratégia e a oportunidade de aplicá-los. A correlação com as fases evolutivas do grupo é a novidade capaz de transformar num caminho teórico seguro, o que antes repousava somente no terreno do intuitivo.

Volto ao meu amigo Pablo em seu movimento de dança nos arcos de Segóvia e o convido a passear de braços dados, alegremente, com seu alterego, o Crocodilo Pascual, personagem de uma peça infantil de sua autoria e de Elisa López Barberá.

Se vocês me perguntarem o que há atrás desta porta, as páginas deste livro, eu responderei como um outro personagem da mesma peça, o cego vagabundo, que introduz a ação para o desconhecido. Deixarei que Pablo e Pascoal me guiem ao longo das deliciosas descobertas de cada um destes capítulos, em que me surpreendo com as novas formas de luz que se refletem até mesmo num espelho branco e direi um desafio a Anibal e Cipião:

> "*Se uma porta resiste*
> *não te ponhas a chorar,*
> *que a solução consiste*
> *em voltar a empurrar.!*"
>
> *Sergio Perazzo*

---

1. "O Crocodilo Pascual" – Pablo Población Knappe e Elisa López Barberá.

INTRODUÇÃO

Ao trazer meu livro a público, penso que o desejo de todos, pelo menos este é o meu caso, seria o mesmo que apresentar um ente querido numa reunião, para que o conheçam e, aos poucos, apreciem seus valores pessoais. Com esta intenção cordial de amizade entre o livro e o leitor, passo a introduzi-lo e apresentá-lo à sociedade.

Esta obra assemelhou-se, em sua elaboração e em seu desenvolvimento, à história de uma bela adormecida — talvez não pudesse ser diferente um livro sobre jogos —, já que veio à luz há muitos anos, com uma grande ilusão. Adormeceu logo, ou permaneceu em morte latente durante um longo período, devido às alfinetadas cruéis da "bruxa dos assuntos urgentes". Foi preciso, finalmente, o beijo de amor, o beijo em forma de estímulo de alunos e amigos, que de maneira afetuosa e insistente contribuíram para seu despertar.

É claro que no amor dos alunos — como de qualquer um — também havia um motivo de interesse. O interesse saudável de conhecer mais a fundo essas modalidades de intervenção ativa e, sobretudo, de sentirem-se respaldados por um pequeno conjunto de jogos aos quais pudessem recorrer num momento de apuro em seu trabalho. Sem dúvida, vivenciaram jogos e exercícios em seu processo de formação; porém, quanto mais salva-vidas tiverem, parece que flutuarão melhor.

Esse argumento, repetido diversas vezes, acabou por convencer-me. Numa atitude sempre firme, eu insistia para que eles desenvolvessem sua criatividade. Uma oportuna e saudável mudança de papéis ajudou-me a recordar minha própria insegurança de principiante e serviu como argumento definitivo para que eu pusesse mãos à obra.

Sem ter outra opção, busquei um abundante material de mais de duzentas fichas reunidas quinze anos atrás por E. López Barberá e por mim. Naquele momento, fui tomado por uma sensação de resistência em forma de pudor, ao pensar em publicar o que poderia ser considerado um "catálogo de técnicas" no sentido pejorativo, apesar da urgência decorrente da relativa escassez de publicações dessa área, em castelhano.

A resposta era óbvia: desenvolver mais amplamente o espaço dedicado aos aspectos teóricos e técnicos, mas sem deixar de acrescentar — como ilustração — cem ou duzentos jogos. Contudo, em minha obsessão pela espontaneidade e pela criatividade, eu os transcrevi de modo resumido, sintético e quase telegráfico, para que servissem de estímulo e ponto de partida a uma aplicação flexível, espontânea e adaptada ao momento terapêutico concreto e específico, e não fossem tomados como algo acabado, que se devesse utilizar de maneira rígida.

Bem, para terminar, no final do livro incluí a coleção de jogos e exercícios, talvez como apoio necessário à insegurança. Provavelmente, todos nós precisamos de uma base dessa natureza. Lembro-me, quando há muito tempo resolvi ceder à minha inclinação pela pintura, que ficara trancafiada na infância, que meu primeiro movimento foi a aquisição de um vasto arsenal de pincéis, telas, lápis e livros sobre técnicas de pintura, e só mais tarde pude virar-lhes as costas e comprovar que a lenta, às vezes dolorosa e às vezes prazerosa experiência de pintar, foi o material que verdadeiramente me fez criar algo sobre a tela[1]. A maior parte de toda aquela maravilhosa parafernália material continua cuidadosamente guardada.

O fato é que o que começou como a exigência de uma resposta inspirada quase que apenas no dever, despertada pela procura, converteu-se muito rapidamente num prazer, num jogo, pois este livro foi para mim mais uma oportunidade de brincar. Conforme menciono mais adiante, a partir de uma curiosidade estranha e inquietadora, fui submergindo numa experiência de encontro com a vida, num processo lúdico de aproximações, rejeições e aprendizagem. Tendo adotado essa postura, o que tentei transmitir foi meu modo de ver as coisas que retrato neste livro. Não pensei em escrever um livro "científico", com uma demonstração experimental daquilo que nele se postula. Não tenho pretensões de demonstrar nada, apenas compartilhar alguns pontos de vista, opiniões, processamentos e atuações, que me têm sido úteis na prática destes trinta anos de exercício profissional. Quero dizer que têm funcionado para mim.

Escrevo de acordo com minha maneira de olhar e, em última instância, como diz Laing, "a ciência é originalmente uma forma de olhar", e a recordação das palavras de Popper me anima quando ele diz: "as teorias são ensaios, invenções...". Aqui o que me move é a ousadia de comunicar minhas experiências, sem me importar em denominá-las de uma forma ou de outra. Hipóteses, propostas, teorias... "ciência". Porém, será que atual-

---

1. Prefiro não opinar sobre o valor artístico de minha produção pictórica.

mente a psicoterapia é ciência? Quando Bunge[2] se atreve a afirmar categoricamente: "É desonesto... utilizar psicoterapias... que não foram comprovadas experimentalmente", vejo-me imerso, se aceito sua autoridade, num tremendo paradoxo, já que creio que a única maneira de demonstrar experimentalmente a eficácia e o valor científico de um caminho psicoterapêutico é, até o momento, pela sua prática. No entanto, se essa prática é desonesta, não devo executá-la e não posso experimentá-la... O entorpecimento poderia ter me dominado. Postulo, com firmeza, uma maior humildade e espontaneidade diante das pesquisas sobre psicoterapias, pois admito que ainda não se podem aplicar às psicoterapias os mesmos métodos de pesquisa que parecem válidos para os outros campos da ciência.

Voltando ao conteúdo deste livro, quero antecipar nesta introdução que busco várias metas, sem seguir uma ordem de apresentação, que passo a enumerar aqui.

A primeira, embora talvez a última na minha escala de interesse (ainda que a considere de aplicação mais imediata e prática), é a série de jogos e exercícios, com sua correspondente descrição e com o momento ou fase grupal em que sua utilização aparece em destaque.

A segunda, de que não me posso esquecer, são os profissionais que vão aplicar essas técnicas. Atrevo-me a classificá-los em três categorias: os que iniciam sua prática a partir de um conhecimento de natureza exclusivamente teórica; os que passaram por uma formação que tenha incluído seu próprio período de treinamento terapêutico, mas que ainda são novatos na profissão, e aqueles que já possuem uma tradição de terapeutas e podem ser considerados peritos.

Aos que mencionei em primeiro lugar, quero lembrá-los do perigo de brincar de aprendiz de feiticeiro. Insisto que passem pela depuração da experiência da sua própria terapia. Há um caso em particular que gostaria de destacar — os que se dedicam à prática de terapia individual, mas desconhecem a terapia de grupo, em sua forma vivencial. A estes talvez possa ajudar recorrer a um bom sortimento de jogos reservados.

O segundo grupo é constituído pelos já formados, mas que ainda precisam de respaldo para se sentirem mais seguros.

Para os do terceiro grupo, penso que a coleção será irrelevante ou, na melhor das hipóteses, talvez lhes agrade um ou outro jogo. Espero que estes profissionais, mais do que os outros, se interessem pelos capítulos que tratam do desenvolvimento teórico.

Com relação ao que denomino de capítulos teóricos, volto a insistir que, em grande parte, nada mais são que opiniões minhas baseadas na prática profissional, e que admito sejam ou não aceitas, rejeitadas ou cri-

---

2. "A filosofia é pertinente à pesquisa científica do problema mente-cérebro". Bunge, M. em *El problema cerebro-mente*. Mora F. (ed). Madri, Alianza, 1995.

ticadas, desde que por alguém credenciado e muito experiente nesse campo de trabalho. Não sinto nenhum pudor em dizer que absolutamente não valorizo os que costumo chamar de especuladores da erudição, que recorrem a infinitas citações mas são vazios de experiência.

Nesses capítulos teóricos, procuro comunicar, em primeiro lugar, idéias fundamentais que sintetizam o que é importante saber sobre psicodrama, como alicerce para a compreensão do restante da obra. Não se deve esquecer que se trata de um modelo seguido por mim e o ponto de partida de minhas próprias abordagens.

Mais adiante, falo do jogo e da psicoterapia como modelo lúdico perante os "modelos médicos" de intervenção, sem querer dizer com isso que a psicoterapia não seja um método curativo ou médico em sua concepção mais abrangente.

Vagueio pelas técnicas do psicodrama com a intenção pessoal de classificá-las e, depois, com a vontade de aprofundar-me em seus modos de atuação, de compreensão do sentido de utilização e de justificação de seu valor como instrumento de mudança.

A própria concepção e diversidade de jogos e exercícios e sua implantação nos momentos adequados do desenvolvimento do processo terapêutico aparecem como base para os últimos capítulos, nos quais abordamos a classificação do seu uso, em função das fases grupais. Finalmente, apresentamos a descrição sintética de um conjunto de jogos.

Um desejo muito especial é que este livro não se limite ao uso dos psicodramatistas. Cada vez mais, são empregadas técnicas ativas a partir de distintos modelos teóricos da psicoterapia. Em nossa própria experiência, Elisa López Barberá[3], eu mesmo e outros companheiros do nosso centro de formação somos convidados assiduamente para coordenar seminários sobre técnicas psicodramáticas em geral: escultura, jogos etc., por equipes que trabalham com modelos psicanalíticos, sistêmicos, análise transacional e outros. Foi o que me levou a ampliar o modo de expor minhas idéias, além do mero jargão psicodramático. O que tenho em mente é alcançar certo sincretismo com outras linguagens, um encontro com os significados das mensagens, na busca de uma tradução simultânea. Não sei se nesta tentativa de ser compreendido por muitos acabo por não ser compreendido por ninguém.

Nas linhas anteriores, de certo modo fica implícita a descrição do conteúdo dos diversos capítulos. Só me falta expressar o desejo de que sua leitura e aplicação produzam no leitor pelo menos uma parte do prazer que eu mesmo senti ao escrever, pois Peter Pan não morreu para nós.

---

3. Elisa López Barberá, a quem menciono com certa freqüência, é co-diretora de nosso Instituto de Técnicas de Grupo e Psicodrama e co-experimentadora de minha vida, em seu papel de esposa.

1
PSICOTERAPIA — RELAÇÃO E AÇÃO

O CAMINHO DA PSICOTERAPIA

Nos primeiros anos deste século, começa-se a ouvir falar em Viena de uma personalidade até certo ponto curiosa e rebelde. Refiro-me a um jovem médico que se relaciona com a elite intelectual, constituída por figuras como F. Kafka, M. Brod, Martín Buber e outros. Edita uma revista, *Daimon*, na qual todos colaboram, monta e dirige um teatro original, de improvisação, chamado Impromptu, no qual brinca de retratar a vida, sem obras escritas.

A mudança de personalidade sofrida por uma das atrizes desse teatro, chamada Bárbara, foi o lampejo e a semente do futuro psicodrama. Moreno se dá conta de que o fato de brincar ou representar as próprias experiências pode produzir uma mudança significativa da pessoa, abrindo um caminho novo e original no campo das psicoterapias. A ação, recém-nascida para a terapia, libera-a de sua dependência ao verbo como único meio de expressão; a ação acrescenta movimento, profundidade e energia à palavra. Moreno experimenta e pratica esse método e se sente tão seguro de sua eficácia que um dia se aproxima de Freud, na época o grande guru da psicologia em Viena, e o interpela. Deixemos que nos conte com suas próprias palavras[1]: "Freud, como o fazia todos os anos, apresentava na faculdade uma série de conferências sobre psicanálise. Naquele dia, discorreu sobre a análise de um sonho telepático. No final da palestra, ele aponta para mim no meio da platéia e me pergunta o que eu faço. 'Dr. Freud, eu começo onde o senhor pára. O senhor atende as

---

1. Marineau, R. *J. L. Moreno et la troisième révolution psychiatrique*. Paris, Mêtailié, 1989, p. 78.

pessoas entre as paredes de seu consultório. Eu os atendo na rua, em suas próprias casas, num ambiente mais natural ... O senhor analisa os sonhos delas, decompondo-os em mil partes. Eu lhes dou *a necessidade de voltar a sonhar, de explorar concretamente seus conflitos e de serem criativos'*"[2].

Esse é o autêntico retrato de Moreno, que busca, ao lado de seus semelhantes, encontrar caminhos originais para criar uma vida melhor, mais satisfatória.

Em 1925, Moreno viajou para os Estados Unidos e, depois de uma série de dificuldades, teve a oportunidade de testar seus métodos sociométricos e psicodramáticos na prisão de Sing-Sing. Apresentou os resultados no Congresso da APA, em Filadélfia, 1932. Criou o termo Psicoterapia de Grupo, nunca antes formulado, e estabeleceu as linhas mestras que continuam sendo a base de qualquer terapia grupal. Mas a grande novidade foi outra: a formulação, por meio de seus estudos sociométricos, da necessidade de compreender o homem e suas relações com os outros, e não se limitar ao nível intrapsíquico, e sua reafirmação da utilidade ou da necessidade de adicionar o uso da ação à palavra na psicoterapia prática. Veremos, pois, que essa formulação possui um enorme significado; teremos tempo de observar a profunda complexidade das idéias e propostas morenianas, que passam à frente das correntes sistêmicas e construtivistas. Inclusive, há algo que vai além, já que leva em consideração as dimensões do ser humano que outros modelos parecem ainda ter dificuldade em integrar. E Moreno pôs em discussão um tema tão importante e ao mesmo tempo tão difícil de digerir que, enquanto alguns autores falaram da terceira grande revolução psiquiátrica[3], muitos o combateram ou o negaram. Mas o fato é que seu legado aí está, e já não se concebe uma psicoterapia que não leve em conta o fator relacionamento, e é cada vez maior o número de terapeutas que introduzem as técnicas de ação na terapia.

Achamos interessante deter-nos um pouco mais em algumas das conseqüências que levaram a obra de Moreno à psicoterapia atual.

A PSICOTERAPIA TORNA-SE TRIDIMENSIONAL E COMEÇA A MOVIMENTAR-SE

Se atualmente tivermos a oportunidade de ser espectadores, num curto espaço de tempo, de uma terapia sistêmica, de uma psicodramática e de um grupo de desenvolvimento (inspirado nas Terapias de Grupo

---

2. O itálico é nosso.
3. Sarró, no prólogo de Schützenberger, A. A. *Introducción al psicodrama*. Madri, Aguilar, 1970.

de Lewin), o que nos chamará mais a atenção serão suas semelhanças e não suas diferenças. Em todos os três, que servem como exemplo das modernas linhas terapêuticas, notamos que se preocupam com o entrelaçamento das relações, o que implica considerar que estamos tratando com um ser, uma unidade, *gestalt* ou sistema, porém que num dado momento também se levantam para passar à ação, com uma escultura, uma encenação, um jogo ou qualquer outro meio de *acting* terapêutico.

Essas terapias não se movimentam a partir de um desenvolvimento linear, bidimensional, como aquelas que foram criadas nos séculos 19 e 20, mas de um modelo grupal, tridimensional. As primeiras devem-se a uma epistemologia linear e as segundas nascem delas e se devem a uma epistemologia sistêmica, isto é, a uma óptica que, além de outros fatores inevitáveis segundo o modelo, estende-se tridimensionalmente, exige espaço e relaciona novos conceitos e novas linguagens. Em Flatland[4], o país plano, de duas dimensões, surgiu Lorde Esfera, que pode ver e compreender os habitantes planos, mas não pode ser compreendido, nem sequer percebido por eles; do mesmo modo, para alguns terapeutas de "duas dimensões" é difícil compreender os modelos tridimensionais. Ao contrário, como essas terapias pertencem a níveis lógicos superiores aos anteriores, não negam os modelos bidimensionais inferiores, mas permitem-se reconsiderá-los e englobá-los em seu âmbito conceitual mais amplo.

A linguagem do modelo tridimensional pode limitar-se ao campo verbal. Mas isso seria criar um artifício. Um grupo de seres humanos que está em contato precisa levar em conta os gestos e movimentos uns dos outros e, a partir daí, é inevitável que se vejam compelidos a se relacionar ativamente. Unem-se de maneira inevitável os modos de comunicação digital e analógico; é o encontro tanto por meio da palavra como da ação, e vice-versa.

Tudo isso é relação e ação, ou seja, é um drama, já que a palavra drama em grego quer dizer ação e, por extensão, falamos em drama quando pomos em jogo um fato narrado. Uma narrativa representada é um drama, e, se acontece no campo psicoterápico, reclama sua originária denominação de psicodrama ou terapia por meio da ação de um grupo humano.

A PSICOTERAPIA DEIXA DE SER UMA CONDUTA MÉDICA E PASSA A SER UM ATO LÚDICO

As antigas psicoterapias nasceram de modo talvez inevitável, acompanhando o procedimento médico de intervenção. Uma pessoa que sofre

---
4. Referência a *Flatland*, de E. A. Abbott.

vale-se de um especialista em sofrimento, que se supõe conheça suas causas, seus processos e os meios de cura. Etiologia, dinâmica etiopatogênica e meios terapêuticos são instrumentos para diagnosticar e atuar terapeuticamente *sobre* seus pacientes, que são *pacientes receptores* da atuação do especialista. Sem dúvida, também, a partir desse planejamento, criam-se e fixam-se papéis de paciente, de curador e de um meio assimétrico e diferenciado de relação.

Ao encontrar-se com um indivíduo ou com um grupo humano natural, como um casal ou uma família, ou artificial como um grupo terapêutico, o terapeuta pode tentar seguir o modelo anterior; na verdade, muitos já o fazem. Mas não podem evitar "encarar" esse grupo humano, sentir que estão numa relação muito direta com ele. Daí a aceitar que fazem parte do grupo falta apenas um passo. E outro passo menor e inevitável leva à compreensão de que tudo o que acontece aí é obra de todos os presentes. Como diz Moreno, o terapeuta não é apenas um co-pesquisador, mas também um co-criador do processo terapêutico. Nesse momento, afastamo-nos do modelo médico de intervenção. O que então ocorre assemelha-se muito mais a uma divertida equipe esportiva ou ao desenrolar de um jogo espontâneo. Todos *brincam* de criar algo diferente, mudam, aprendem, replanejam e vivem juntos. O *status* do terapeuta é mais o de monitor ou de animador do jogo. É um ato compartilhado de criação de vida, e não o de uma busca passiva de cura. As pessoas que sofrem deixaram de ser pacientes, quase objetos, para aceitar sua categoria humana de atores e criadores de sua própria existência.

Para Moreno, como para Winnicot posteriormente, o jogo é o real meio de criação da própria vida.

A PSICOTERAPIA BUSCA AJUDAR UM INDIVÍDUO OU GRUPO A SAIR DE SUA INÉRCIA OU DE SUAS CRISES PATOLÓGICAS

A partir da visão do homem, que inclui seu mundo interior e seu mundo de relação, nasce uma nova concepção da patologia psíquica. Já não é apenas psíquica, é biopsicossocial. Não se trata unicamente de remediar o que se passa por dentro de cada um, mas também de reestruturar as relações, o que implica o mundo interior, o exterior e sua relação dialógica. Os transtornos que aparecem devem ser considerados situações que se mantêm estáticas, sem ter conseguido realizar as adaptações necessárias às mudanças do meio, que provocam crises, como resultado de uma dificuldade naquele processo adaptativo. Conserva-se uma homeostase rígida, uma estrutura sociométrica rígida, na linguagem moreniana, ou rompe-se uma homeostase sadia, sem que se possam evitar os recursos *autopoiéticos*.

A partir dessa visão, a meta da terapia torna-se sensivelmente complexa. Já não podemos limitar-nos ao mundo intrapsíquico dos desejos, medos e fantasias do indivíduo, que são transmitidos numa relação terapêutica verbal, além de ficticiamente "neutra" por parte do terapeuta. Esse mundo fica como uma parcela de nosso campo de trabalho. À atenção ao mundo intrapsíquico devemos acrescentar a atenção ao seu mundo de relação mais imediato, ou sistemas de pertinência, ao mais amplo meio de relações ou redes sociais, ao espaço sociocultural em que se movimenta e ao contexto. E não só atenderemos à comunicação digital, como também à analógica, cujo manejo passará a ser um importante instrumento terapêutico, além de nos obrigar a fazer novos planejamentos teóricos. O terapeuta deixa, então, de ser "neutro" para ficar fora e dentro do sistema, objeto da terapia numa co-experiência e numa co-construção desta, ou seja, tomando parte no sistema terapêutico. O objetivo final da terapia não será tanto a análise — quer dos conteúdos internos, quer da relação transferencial — mas a consecução de uma nova reestruturação dos sistemas interiores e dos sistemas de relação, que comportam um afrouxamento da rigidez desses sistemas, com mais flexibilidade ou espontaneidade.

Neste ponto, em que fica claro que estamos misturando termos psicodramáticos com termos sistêmicos, surge o momento de mostrar o paralelismo desses modelos, criar um dicionário que nos permita comparar códigos e sinais e com isto nos atrever a utilizar indistintamente conceitos e linguagens de ambos os campos, que não deixam de ser praticamente isomórficos.

OS MODELOS SISTÊMICOS DO ENCONTRO ENTRE O VELHO PSICODRAMA E SUA DESCENDÊNCIA

Para alguns, este enunciado será uma ousadia, até uma heresia científica. Mesmo assim, vou mantê-lo. Entre os anos 20 e 60, Moreno publicou seus trabalhos nos Estados Unidos. Enunciou quase todos os princípios daquilo que agora proclamam ser seus filhos, filhos secretos e em certo sentido espúrios, pois, se por um lado não se degeneraram, por outro, ainda lhes falta algo para alcançar o nível do pai, o psicodrama. Ainda sendo honesto, devemos admitir que estão em via disso.

Os trabalhos de Moreno difundiram-se extraordinariamente não só nos Estados Unidos como em todo o mundo, através das contínuas viagens que o autor realizou, demonstrando suas teorias. A seus consultórios tiveram acesso autores como Perls, Lewin, a escola de Tavistock na Grã-Bretanha e outros. Professores das primeiras escolas de Terapia Familiar Sistêmica, como Minuchin com seu modelo estrutural, Satir, Omnis, Sluzky e outros, que tiveram a honestidade de citá-lo e adotaram muitos de seus pontos de vista. Vemos, na década de 60, a explosão das posições sistêmicas no mundo da Psicologia, mas ocultando que a fonte última de inspiração, o movimento pioneiro nessa direção, foi sempre aquele jovem professor vienense, J. L. Moreno.

Como exemplo da herança a que nos referimos ou, pelo menos, do inegável isomorfismo, transcrevemos algumas citações do artigo de E. A. Gómez, "Constructivismo Radical", publicado na revista *Psicopatologia*[5].

Maturana e Varela[6] falam da circularidade entre a experiência vivida e a imaginada, e resumem-na no aforismo "All doing is knowing and all knowing is doing"; Moreno defendeu a importância da ação na criação do mundo interior e relacional do indivíduo e, como esse mundo se expressa em ação, formulou uma expressão muito curta e precisa: "No princípio era a ação".

Gómez continua: "Só se pode mudar o presente", e Moreno: "Só existe o presente" e "toda a ação terapêutica se desenvolve no aqui e agora". Gómez: "A terapia biológico-ambiental e a terapia de grupo deveriam ter preferência sobre a terapia psicológica individual. Em 1932, no Congresso da Associação Americana de Psiquiatria, Moreno anuncia e cria o nome e o conceito de psicologia de grupo e, em 1937, o conceito de terapia interpessoal[7]. Gómez: "O que o terapeuta tem de fazer é trabalhar com o paciente dentro de um processo de cooperação e responsabilidade compartilhadas". Moreno: "O terapeuta é o co-pesquisador e co-criador do processo terapêutico".

Para não entediar o leitor, não continuaremos a demonstrar um paralelismo que poderia ser realizado frase a frase, enunciado a enunciado ... com várias dezenas de anos de antecedência por Moreno.

Em última análise, aqui não se trata tanto de defender Moreno — tantas vezes plagiado — de uma forma ostensiva, mas que talvez tenha sido necessário para que fosse ouvido, mas sim de mostrar o isomorfismo entre o psicodrama e as "novas" epistemologias, de modo que legitime seu encontro teórico, o uso paralelo de linguagens e sua fusão na prática terapêutica. É isso que estamos fazendo.

---

5. Gómez, E. A. "Constructivismo Radical" Revista *Psicopatologia*, nº 14, 2º, 1994, pp. 51-4.
6. Maturana, H. e Varela, *El arbol del conocimiento*. Madri, Debate, 1987.
7. "Existe uma área intermediária entre a dos indivíduos isolados e a dos agrupamentos promíscuos, na qual domina uma intimidade peculiar; trata-se de conjuntos altamente estruturados de pessoas unidas por laços tradicionais ou emocionais de longa data, tais como os casamentos, os membros de uma família, os casais de amantes, os amigos íntimos ou os sócios em negócios. Quando surgem conflitos entre os membros desses grupos, não existem meios de tratamento capazes de atingir as síndromes interpessoais de maneira tão profunda e ainda mais quando se trata de pessoas isoladas. A 'terapia interpessoal' representa uma categoria especial de terapia; poderíamos muito bem classificá-la separadamente da psicoterapia individual e da grupal." Moreno, J. L. *Las bases de la psicoterapia*. Buenos Aires, Paidós, 1967, p. 85.

O JOGO

A palavra jogo (ou brincadeira) é um termo que pode escapar de nossas mãos. Nós a utilizamos para nos referir a atividades completamente diversificadas, como jogar na loteria ou na roleta, brincar de bandido e mocinho, brincar com nossa vida, brincar na vida (o que não é a mesma coisa) e outras. Algumas dessas atividades implicam uma repetição cega e compulsiva que nos pode conduzir a uma patologia do jogo e outras, ao contrário, implicam "limites" assim como "liberdade e criatividade"[8].

Os limites aparecem em forma de regras que delimitam o que é permitido e o que é proibido. A liberdade significa que no espaço do jogo podemos experimentar e expressar-nos além daquilo que é comum na "vida real", na vida alheia ao mundo do jogo. A imaginação não se dirige tanto à criação de objetos como à espontaneidade que abre novos campos no caminhar do experimentador.

O jogo, como dimensão biológica do crescimento e essência da psicoterapia, foi introduzido por Moreno em 1921, juntamente com o Teatro de Improvisação de Viena. Em *Das psychodrama*[9], 1957, ele relembra este fato, assinalando: "Surgiu uma nova visão do jogo quando, nos anos que precederam o estouro da Primeira Guerra Mundial, começamos a brincar com as crianças nas ruas e nos jardins de Viena: o jogo como princípio de autocura e de terapia de grupo, como uma forma primitiva de vivência; o jogo não só como epifenômeno que acompanha e reforça os objetivos biológicos, senão como fenômeno *sui generis*, como fator positivo ligado à espontaneidade e à criatividade. Pouco a pouco, fomos liberando o jogo de suas vinculações metafísicas, metabiológicas e metapsicológicas, e dele fizemos um princípio metodológico e sistemático"[10]. O jogo não permanece em Moreno como um enunciado teórico metapsicológico, mas é levado à prática e convertido em caminho para o crescimento, enquanto aceita em seu espaço "a liberdade para a espontaneidade, liberdade para o corpo e para o contato físico, livre de movimentos, de ação e de adequação em conjunto"[11]. Ou seja, a ação em liberdade, e naturalmente dentro dos limites que marcam seu desenvolvimento no seu espaço, "como se", e com a diferença entre o *acting* patológico e o *acting* terapêutico.

Em sua formulação baseada na experiência com o jogo e na prática do jogo aplicado à terapia ou ao psicodrama, Moreno aproxima-se das

---

8. Caillois, R. *Los juegos y los hombres*. México, Fondo de Cultura Económica, 1967, p. 10.
9. Moreno, J. L. *Das psychodrama*. Berlim, 1957.
10. Moreno, J. L. *Psicoterapia de grupo y psicodrama*. México, Fondo de Cultura Económica, 1966, p. 114.
11. Moreno, *op. cit.*, 1966.

conclusões dos estudos etológicos de Lorenz, Timbergen e Eibl-Eibenfeldt, entre outros. Este último resume suas idéias sobre esses temas em seu tratado de Etologia[12], começando pela afirmação de que: "Uma predisposição inata ao aprendizado muito evidente nos animais superiores manifesta-se na curiosidade e no jogo". Considera uma característica típica do jogo nos animais superiores a capacidade de afastar-se e voltar a aproximar-se, "que é a base de qualquer interação em forma de diálogo", trazendo uma formulação de base biológica ao jogo infantil de pegar e atirar diversas vezes um brinquedo, além de uma desnecessária explicação metapsicológica de fantasias interiores do bebê.

O jogo nasce desse impulso que chamamos de curiosidade.

CURIOSIDADE E JOGO

Faz anos, desde nossa experiência terapêutica, que a curiosidade nos despertou grande interesse. Mais de uma vez trocamos comentários sobre nossa impressão de que os indivíduos curiosos pareciam demonstrar melhor prognóstico e maior capacidade para se deixar mergulhar em si mesmos, como se fossem brincar com o psicodrama e tornar sua vida mais divertida.

Entretanto, parece que a curiosidade tem má — ou pouca — divulgação escrita. Em nenhum dos dicionários de psicoterapia, psicanálise ou psiquiatria, aparece esse termo, exceto no *Diccionario Oxford* que lhe dedica algumas breves e divertidas linhas[13]. E se consultarmos os dicionários não profissionais teremos a surpresa de deparar com o *Diccionario de la Lengua Española*[14] que em sua primeira acepção diz: "Desejo de saber e averiguar o que não é da nossa conta". Se preocupados com esta definição vamos adiante, vemos em destaque só os aspectos negativos desse conceito. "Vício que nos leva a inquirir coisas que não nos deveriam importar" (2ª acepção). Não acrescenta outra definição. Já no *Diccionario Enciclopédico Espasa*[15] aparece uma posição mais positiva (1ª acepção): "Desejo de saber e averiguar alguma coisa". Se consultamos, no pouco valorizado *Tesoro de la castellana* de Covarrubias, texto

---

12. Eibl-Eibesfeldt. *Etología*. Barcelona, Omega, 1979.
13. "Curiosidade: A busca do conhecimento sem uma perspectiva de benefício ou recompensa imediata é uma característica dos animais superiores e está bem marcada no homem. Indica certo risco, já que quando se explora o desconhecido é difícil explicá-la nas teorias do comportamento que se baseiam na motivação e redução do impulso; porém, naturalmente, tem um valor de sobrevivência que combina com um rápido aprendizado. Pode-se dizer que pela sua curiosidade o homem é uma espécie única." Gregory, R. L. *Diccionario Oxford de la Mente*. Madri, Alianza, 1995.
14. *Diccionario de la Lengua Española*. Barcelona, Alta Fulla, 1992.
15. *Diccionario Enciclopédico Espasa*, 1981.

de 1674[16], o termo *inquisidor*, lemos: "o diligente aplicado e *curioso*[17] em averiguar alguma coisa", e é *curioso* "Aquele que trata alguma coisa com especial cuidado e diligência", e buscando sua etimologia opina que "... a palavra curioso ou curiosidade deriva do advérbio *cur*, que é o advérbio de perguntar".

Continuando com nossa própria curiosidade, lemos uma citação de Santo Agostinho[18] que paradoxalmente à sua postura investigadora nos previne que: "Existe outro meio de tentação ainda mais perigoso: a tendência à curiosidade. Esta nos leva a descobrir os segredos da natureza, que vão além de nossa compreensão, que não nos servem para nada e que os homens não deviam querer conhecer". Por outro lado Corominas, em seu *Breve Diccionario Etimológico de la Lengua Castellana*[19], nos reporta ao latim *curiosus:* "cuidadoso, ávido de saber", e situa o surgimento do termo castelhano *curioso* em 1490, e *curiosidade* em 1495. Estaria ele relacionado à ânsia de saber e descobrir o início da idade moderna espanhola?

Já na literatura profissional, curiosidade não tem conotação boa nem má, porém é abordada de forma muito escassa. Nos tratados de psiquiatria que consultamos, só encontramos citações no clássico *Tratado de Psiquiatría* de Vallejo-Nájera[20], que aponta: "a curiosidade caracteriza psicologicamente este período (a infância)..." e no *Textbook of psychiatry* de Kaplan[21], que destaca a provocação de condutas exploratórias: "A curiosidade é um estado emocional que dá lugar a condutas de exploração. É um impulso que gera e acrescenta o prazer da antecipação. Em uma pessoa criativa pode prevalecer sobre a fome, o medo, a dor e o prazer no homem. É uma ânsia em aumentar a tensão que é tão premente quanto a procura de aliviá-la ou a satisfação que vem depois da consumação do prazer". Finalmente, encontramos um terapeuta curioso, Moreno, e, noutra linha de pensamento, a interessante revisão que Loewenstein[22] faz de diversos autores que se referiram ao tema, principalmente a partir das áreas de pedagogia e da pesquisa. Mais adiante aparecem aqueles estudiosos do mundo da relação que tanto podem ensinar a nós, etólogos que como Lorenz, Timbergen, Eibl-Eibenfeld e outros mostram-se interessados pela curiosidade.

---

16. Covarrubias, S. *Tesoro de la lengua castellana*. Barcelona, Alta Fulla, 1993.
17. O itálico é nosso.
18. 345-430 d. C.
19. Corominas, J. *Breve Diccionario Etimológico de la Lengua Castellana*. Madri, Gredos, 1967.
20. Vallejo-Nájera, A. *Tratado de psiquiatría*. Madri, Salvat, 1954.
21. Kaplan, H. I., Freeman, A. M., Sadock, B. J. *Comprehensive textbook of psychiatry*. Londres, Williams & Williams, 1980, p. 1026.
22. Loewenstein, G. "The psychology of curiosity: A review and reinterpretation". *Psychological Bulletin*, vol. 116, nº 1, 1994.

Tanto uns como outros colocam-na em relação ao aprendizado e ao jogo, apoiados por Marina[23], sempre inovador, que nos adianta que: "A capacidade de projetar, problematizar, *curiosear*[24] e jogar não está de todo distante. Elas têm a ver com a capacidade de criar ficções. Até a curiosidade dos animais é determinada por estímulos reais. É a novidade do estímulo o que determina o interesse. No homem isto não ocorre, pois pode criar seus próprios estímulos, que são irreais".

Pode-se prever no parágrafo anterior a influência dos etólogos no pensamento de Marina. Pois foram eles os que mais se interessaram pela curiosidade e por sua correlação natural, que é o jogo. Para Eibl-Eibesfeldt, a curiosidade é um impulso de aprender; surge como uma disposição inata ao aprendizado que leva todos os mamíferos superiores a explorar qualquer objeto novo que encontram. Assim concebida, é clara a semelhança desses conceitos com a *fome de ações* de Moreno, que leva a criança a explorar ativamente seu meio ambiente, estabelecendo uma relação dialógica elementar, que permite o aprendizado de novas normas de conduta, ou seja, de novos papéis. Eibl-Eibesfeldt descreve-nos numa síntese admirável a curiosidade e o sentido do jogo, e o diálogo (o encontro) no animal e no homem. "Uma observação mais atenta do fenômeno revela-nos que o animal se aproxima e se afasta alternativamente do objeto que desperta seu interesse. Toma contato com o objeto por meio de seus órgãos sensoriais e *efectores*, depois se afasta e volta a aproximar-se e a explorar de forma um pouco diferente, como se por outro ponto de vista. O animal é atraído pelo objeto, mas não fica ligado a ele numa postura fixa, tendo a capacidade de distanciar-se novamente. Essa capacidade é a base de qualquer interação por meio do diálogo. É típica da curiosidade e do jogo. Na ontogenia do ser humano, pode-se acompanhar perfeitamente como essa capacidade vai se desenvolvendo. Quando a criança pega um objeto pela primeira vez, seu primeiro comportamento é bastante estereotipado: agarra o objeto, leva-o à boca e começa a chupá-lo; no início, só faz isso. Mas logo depois é capaz de tirar o objeto da boca, observá-lo, chupá-lo de novo e em seguida talvez deixá-lo e voltar a pegá-lo com a outra mão. A seqüência rígida flexibilizou-se, e a criança é capaz de explorar. Mais adiante veremos que essa capacidade de distanciar-se é uma das raízes da liberdade humana."[25, 26]

---

23. Marina. *Teoría de la inteligencia creadora*. Barcelona, Anagrama, 1993, p. 337.
24. O itálico é nosso.
25. Eibl-Eibesfeldt, *op. cit.*, p. 292.
26. No jogo, como em toda a manifestação de uma atividade de busca e criação, o que importa, como insiste Moreno, é o processo, mais do que a obra terminada; seria ressaltar o estar aprendendo sobre o aprender.

JOGO E APRENDIZADO

O jogo, ao qual se chega por meio da busca de novas experiências, está relacionado à aprendizagem, "no impulso de aprender que é, junto com o excesso de energia (fome de ações), a base do comportamento da curiosidade"[27]. "No jogo não há comportamentos sérios." Refere-se sempre a uma ação no campo do *como se*, na linguagem psicodramática e num campo de relaxamento, em que não existe o predomínio de uma satisfação de necessidades instintivas como o sexo, a fome, a agressão e outras que, mesmo presentes como padrões de comportamento, não se realizam seriamente, permitindo uma atividade de experimentar com independência, com capacidade de não apenas se aproximar do companheiro, objeto do jogo, como também de afastar-se dele. Exploram-se as possibilidades do sexo, da luta e outras, aprende-se a lidar com esses campos, mas sem satisfazer o instinto. De fato, quando sobressai a satisfação, passa-se da ilusão do jogo à realidade do ato sério. É um meio de aprender: "os impulsos de jogar e de aprender possuem uma raiz comum; o jogo é uma forma de aprendizagem"[28]. É evidente a semelhança entre as descrições do etólogo e as do jogo dramático terapêutico. Nessa linha, chamou-nos a atenção como os etólogos também descobriram a importância que a inversão de papéis, técnica fundamental do psicodrama, tem para a aprendizagem. Falando dos jogos de lutas entre os animais, diz nosso autor: "Estes jogos diferenciam-se claramente dos fatos verdadeiros, que conservam todas as inibições sociais (inibições de morder) pela falta de determinadas ações de semelhança e pelo rápido *intercâmbio de papéis*"[29] e também pela indicação que fazem de que o jogo é uma ação livre, que os aproxima da posição psicodramática de que a fome de ações, a fome de transformação cósmica e o jogo espontâneo que deles nasce são livres e doadores de liberdade.

Nos jogos psicodramáticos, tornam-se muito evidentes esses fatores de inibição da realização total do impulso, com uma exploração no *como se*, a inversão espontânea de papéis e a liberdade. Em um de nossos grupos de fins de semana, começamos a discutir as alternativas de dramatizar um grupo de profissionais que discordassem entre si, ou um "grupo de loucos". Optou-se por este último; eram "loucos" muito sérios e isolados, que estavam pouco à vontade, angustiados e insatisfeitos. Durante quatro horas sucederam-se dramatizações sobre o tema "poder estar louco", em relação com a espontaneidade na manifestação do desejo, do

---

27. Eibl-Eibesfeldt, *op. cit.*, p. 294.
28. Eibl-Eibesfeldt, *op. cit.*, p. 297.
29. O itálico é nosso. Eibl-Eibesfeldt, *op. cit.*, p. 298.

desacordo, do afeto e da agressividade. Passavam do "louco normal", segundo as palavras de um dos membros, ao "louco filho da p...", segundo a definição de outro.

Finalmente, na última sessão, e sem esperar a menor intervenção do terapeuta, alguém propõe fazer algo divertido para finalizar o tema da loucura. A idéia era fazer um hospício, como aquele do filme *Com o traseiro para o ar*[30], "é o dia do mártir São Louquinho", exclamou outro, rindo. Todos se levantam, de comum acordo. Diante de uma interferência "mediadora" do terapeuta, respondem com vaias e caçoadas. A partir daí, começa o jogo improvisado, criativo e muito divertido. Um rola pelo chão (o cilindro) junto com um companheiro. Outro imita o Tarzan, vários começam a brigar por uma almofada, arrancando-a um do outro. Arrastam-se uns aos outros pelos pés, até a ponta do salão, e depois invertem os papéis. Todos riem enquanto brincam. Concordam em dar pontapés num pufe que representa a "madre superiora". (A brincadeira também implica transgredir proibições e tabus.) Todos acabam arfando, suados e abraçados no chão. Depois de um momento de silêncio, um deles exclama: *"Devíamos fazer isto todos os dias!"*. Isto mesmo, todos os dias, para entrar em contato com a "loucura" das atitudes sérias, exigentes, baseada na tradição cultural, para ousar romper os padrões, para experimentar, brincando, como explorar formas livres de expressão do desejo, do afeto, da luta, sem medo de ser criticado por uma atitude impulsiva. Não se entra num *acting* patológico, mas num *acting* terapêutico, por meio do jogo criado pela improvisação. Aprende-se a lidar melhor e sem temor com aquelas áreas de relação.

A cibernética incide no tema do aprendizado dentro de um claro paralelismo e a partir de sua própria linguagem. Se estabelecemos a relação entre os conceitos de *entropia* (que resumimos em seu aspecto de desorganização) e *neguentropia* (como aumento de informação e de organização do sistema) e a *espontaneidade* e a *tradição cultural* morenianas podemos enunciar o seguinte:

No jogo, como meio de aprendizado, é preciso contar com uma boa dose de desorganização que permita a abertura a novos achados, isto é, a novas informações. Estas são de dois tipos:

1. De primeira ordem, que leva o sistema a se organizar e limitar (neguentropia) novamente.
2. De segunda ordem, que ao informar sobre modos de aprender cria um novo estado de desorganização (entropia).

---

30. Do diretor espanhol Fernando Trueba.

Esses dois tipos de informação permitem uma mudança na estrutura do sistema, dentro de um equilíbrio entrópico-neguentrópico que impede a destruição.

Do que foi dito, podemos considerar que a espontaneidade, com sua abertura a novas soluções, é equivalente à disposição para as informações de segunda ordem, que se encontra em equilíbrio com a cultura tradicional que impede que a espontaneidade dispare a níveis patológicos.

Bateson (segundo Wittezaele)[31] redunda na mesma posição, quando, referindo-se ao que denomina aprendizado de nível 3, "aborda questões fundamentais da natureza humana, como, por exemplo, a luta constante entre, por um lado, o anseio por segurança, o medo da novidade, a vontade de tirar lições de experiências passadas a fim de melhor se preparar para enfrentar as contínuas mudanças de nossa relação com o mundo e, por outro, a disponibilidade do homem diante das eternas mudanças de seu meio ambiente, a criatividade"[32].

Os adultos, assim como as crianças e os animais, não necessitam de estímulos externos para *pôr em jogo* sua curiosidade, já que criam seus próprios estímulos a partir da espontaneidade.

Alguns autores psicanalíticos nos últimos anos também trataram do tema do jogo. O mais representativo é Winnicot, que faz alguns aportes interessantes sobre o jogo visto pela óptica da metapsicologia psicanalítica. Expõe um extensivo estudo sobre crianças e adultos, admitindo a dificuldade que encontra pelo fato de o material "aparecer principalmente em termos de comunicação verbal"[33]. Com isso, não só se perde a riqueza do jogo ativo, tal como se vive no psicodrama, mas, além disso, o conceito do jogo fica um tanto limitado e não extensível a diversas atividades humanas criativas, que foram moldadas de forma lúdica.

Tanto Moreno quanto os etólogos concordam que "Jogar é fazer"[34], e que facilita o crescimento, já que "pode ser um meio de comunicação em psicoterapia". Ainda que infelizmente logo se torne a limitar essa atividade ao uso da palavra, vale destacar que "A psicoterapia se dá na sobreposição de duas áreas de jogos: a do paciente e a do terapeuta. Está relacionada com duas pessoas que jogam juntas".

Podemos resumir nossas idéias sobre o jogo nos seguintes postulados:

O *jogo* é o meio pelo qual diversos animais superiores e, muito especialmente o ser humano, põem-se a explorar e conhecer o ambiente e

---

31. Bateson em Wittezaele, J. J., e Garcia, T. *La escuela de Palo Alto*. Barcelona, Herder, 1994, p. 129.
32. Bateson, depois de observar "uns macaquinhos brincando", planeja os possíveis canais de metacomunicação nesta interação e desenvolve "Uma teoria do jogo e da fantasia". Bateson, G. em *Pasos hacia una ecología de la mente*. Buenos Aires, Carlos Lohlé, 1985, p. 205.
33. Winnicot, *Realidad y juego*. Argentina, Granica, 1972, p. 63.
34. Winnicot, *op. cit.*, p. 64.

a trocar informações com objetos e seres vivos, com a finalidade tanto de conhecer o mundo e conhecer a si mesmos, como de aprender a aprender e, portanto, de conseguir integrar esquemas de adequação funcional ao seu redor.

Aparece como uma tendência motivada filogeneticamente e desenvolvida ontogeneticamente com a ajuda do núcleo imediato de relacionamentos, como são a família e os grupos a que pertence. Implica necessariamente a ação, o inter-relacionamento e a improvisação a partir da espontaneidade, a curiosidade e a aceitação do risco, dentro de um processo espiralado contínuo de desestruturação/reestrututração.

O jogo, assim entendido, não só é próprio dos primeiros anos de idade, como de todo o processo de crescimento e aprendizado vital em qualquer fase da vida e, por isso, está na base de qualquer psicoterapia e, de um modo mais elaborado, nas terapias ativas cujo paradigma — que constitui a origem de todas as terapias — é o psicodrama.

O JOGO DRAMÁTICO

O que chamamos de jogo dramático, expressão que não deixa de conter certa redundância, poderia estender-se a um modo de vida, a uma postura existencial que se mesclaria com o existencialismo heróico e com o elã vital de Bergson. Uma tarefa utópica, na verdade, ainda que aceitável como meta a perseguir. Num sentido mais restrito, seguindo Moreno, falamos de jogo dramático quando utilizamos o jogo, a postura em ação ou dramática, como meio de realização e de recriação da própria vida; tem suas limitações, exige liberdade e conduz à invenção ou criação.

O QUE É O JOGO DRAMÁTICO

Aqui nos remetemos ao conceito limitado de jogo dramático: uma ação em jogo, um jogar ativo e voluntário com a finalidade de aprender, um crescimento ou uma melhora da saúde física, psíquica e social.

As regras fundamentais são que o jogo se desenvolva num espaço virtual a que denominaremos cenário. É planejado no "como se", ou seja, num plano imaginário; submete-se aos limites que separam o *acting* terapêutico do *acting out* patológico que, como descarga de impulsos, não contribui para nenhuma das finalidades pretendidas; os jogadores integram em sua equipe um monitor, o diretor psicodramático, que faz parte do conjunto ou do sistema terapêutico, mas no papel de organizador, podendo tanto estar dentro como fora da ação. Como dissemos, seu trabalho assemelha-se mais ao de um treinador esportivo do que ao de um cirurgião ou, talvez, ao de um antigo médico da família, que o ajudava a vir ao mundo e a morrer[35].

A liberdade é dada pela voluntariedade e pela espontaneidade, novamente termos redundantes, uma vez que a espontaneidade, como nos recorda Moreno, provém da expressão "de sua *sponte*", ou seja, da sua "própria vontade" ou querer. Não desejamos, nem podemos obrigar ninguém ao jogo dramático, do mesmo modo que não podemos obrigar ninguém a ser espontâneo, sem nos metermos num terrível paradoxo. É uma decisão pessoal que nasce de um desejo e curiosidade de explorar e crescer, que vai além do anseio por estabilidade, que vence com seu impulso as chamadas resistências pelos psicanalistas. Preparados e animados, num ambiente de liberdade ou matriz de crescimento do grupo, os "jogadores" colocam-se num espaço-tempo não cronológico, o *momento*, em que é possível haver maior dose de espontaneidade e de respostas novas e originais.

A invenção é a criação que se origina na espontaneidade como motor e catalisador de novos caminhos, novos laços de uma abertura de espectro adaptativo, que se consegue ao quebrar estruturas rígidas de reações ao meio ambiente e na relação intrapsíquica. Criam-se, então, novos modelos, mais abertos, flexíveis e espontâneos de estar no mundo, que levam a hipóteses de novos esquemas comportamentais interiores, no sentido que o termo adquire nas ciências psiconeurológicas[36].

JOGO E ESSÊNCIA DA PSICOTERAPIA

O jogo dramático, como o esportivo, não pode realizar-se sem aquecimento. É preciso estar preparado, com os "músculos" emocionais e mentais prontos para a ação. Por isso, o método psicodramático exige no mínimo duas etapas: *aquecimento* e *dramatização*; se continuar, aconselha-se uma terceira etapa de *comentário* ou *ação em comum*.

a) O *aquecimento* ou *warming up* começa a partir da interferência psicodramática, desde que se esteja pronto para iniciar a sessão. Há aqui um espaço ou cenário da ação em dois planos simultâneos, sendo um *real*, constituído pela área física onde se moverão os atores do drama terapêutico, e outro *virtual*, que antes de se iniciar a sessão podemos considerá-lo como um não-espaço ou inespaço utópico e ucrônico, potencial, mas não existente, por não ser ainda depositário dos lugares e dos tempos imaginários que nascerão e existirão pela magia da criação do protagonista que expõe e compartilha seu mundo interior com todos

---

35. O psicodrama também pode ajudar a jogar para aceitar uma boa morte.
36. Marina, *op. cit.*

os presentes. Aí surge um mundo com seu crono e seu topo peculiar e pessoal, contexto co-experimentador, em que se desenrola a história co-criada e co-desenvolvida por todos os indivíduos presentes nesse momento de ilusão realizada, que é o ato dramático terapêutico.

Como acabamos de assinalar, o espaço e tempo reais começam a gerar espaços e tempos imaginários desde que nos encontramos no local da terapia. Precisamos, porém, de aquecimento para que essa fecundação transforme-se num novo ser em desenvolvimento, num útero no qual crescerá; ambos estão em inevitável e íntima relação, dentro de um processo catalisado pelo aquecimento.

É preciso encarar o aquecimento como um processo psicobiológico que busca situar o indivíduo em um estado fisiológico, que podemos chamar de hipnógeno. Este está incluído nos considerados estados alterados de consciência, pois, embora a pessoa esteja consciente, podemos constatar uma transição para um modo diferenciado de reação do sistema neurofisiológico, cujo aspecto mais evidente é a passagem do predomínio do hemisfério esquerdo (no caso dos destros) para o hemisfério direito, com todas as conseqüências que isto acarreta, ou seja, levando a novas formas de processamento, elaboração e respostas do indivíduo consigo mesmo e com o ambiente que o rodeia. Entre outros psicodramatistas que abordaram esse assunto, destacamos as palavras de G. Leutz:

> Se reconsiderarmos ainda os dois modelos terapêuticos, poderemos supor que o modelo que depende das ciências naturais, como a relativas à medicina, é determinado essencialmente pelo hemisfério esquerdo. Em contrapartida, o modelo e o modo de ação psicodramáticos dependem sobretudo do hemisfério direito. O modelo terapêutico psicanalítico parece ter uma posição intermediária...
>
> Um dos méritos do psicodrama é ter oferecido à psicoterapia a possibilidade de exercer sua ação terapêutica apelando aos vários sistemas funcionais do cérebro e, particularmente, neste caso, aos dois hemisférios.
>
> Pode-se supor que a maioria dos efeitos terapêuticos do psicodrama possa ser atribuída a esta particularidade. Com efeito, o psicodrama permite ao paciente representar sua vivência em imagens e em cenas concretas. Permite, também, que o terapeuta e o grupo vejam a sua imagem. A expressão "criar uma imagem" ilustra um importante processo de percepção; significa ter uma compreensão instantânea das correspondências, ter uma visão de conjunto dos numerosos elementos, ainda que contraditórios, que se unem para formar uma gestalt, que os engloba[37].

---

37. Leutz, G. A. *Mettre sa vie en scène*. Paris, Epi, 1985, p. 150.

Curiosamente, esse estado pode ser provocado no grupo, como totalidade que se busca em outros modelos terapêuticos, nas experiências hipnóticas grupais e como Ritterman[38] o aplica em terapia de família.

O aquecimento apóia-se tecnicamente no uso dos chamados *iniciadores*, que podem ser emocionais, mentais, corporais e químicos. São os meios pelos quais passamos a estimular o indivíduo ou o grupo para o aquecimento. Partimos de uma fantasia, uma emoção, um trabalho corporal ou um produto químico[39]. Mediante o uso de qualquer um desses iniciadores, poderemos provocar um aquecimento e chegar a esse estado privilegiado, o *momento*, num tempo não cronológico, em que é possível fazer (talvez somente aqui isto é possível) a mudança estrutural que se procura como a espinha dorsal da mudança terapêutica.

Depois que ambos — o sujeito da terapia e o terapeuta — estiverem aquecidos, pois o aquecimento deve estender-se a todo o sistema terapêutico, podemos passar à segunda fase do jogo dramático, que é o que chamamos, apropriadamente, de dramatização.

Na dramatização, o que fazemos é concretizar a história do sujeito no cenário material, embora estejamos submersos nesse espaço-tempo quase mágico do "momento". O aqui-agora toma vida e, portanto, representa-se o mundo interior do protagonista[40]. Sempre será o mundo interior o que se materializa, porque é na sua maneira específica e pessoal que a pessoa percebeu, elaborou e reinventou seu mundo exterior. Por isso é, até certo ponto, indiferente que dramatize uma situação "real, imaginária ou fantasiada", já que estas não deixam de ser diferentes modos de assinalar e denominar sua história ou drama interior. Igualmente a cena, o jogo, o exercício, a escultura ou qualquer outro termo não deixam de ser, pela mesma razão, diversos modos de vestir aquele mundo interior. Da mesma maneira, até certo ponto é irrelevante que a pessoa situe seu relato num momento passado de sua história, mas que para ela é considerado presente ou atual, ou num projeto ou previsão de futuro, já que os três tempos, embora com cargas éticas, estéticas e míticas diferenciadas na fantasia profunda do homem, remetem-se, inevitavelmente, ao *hic et nunc* no qual ele dá forma à criação de seu movimento, em presença, no presente, e é o que fazemos com a reapresentação.

Isso não está em contradição com a outra dimensão temporal do fato dramático, e é a partir de nossa experiência, independentemente de

---

38. Ritterman, M. *Empleo de la hipnosis en terapia familiar.* Buenos Aires, Amorrortu, 1988.
39. É o iniciador que usamos com menos freqüência em nossa prática. Já recorremos ao álcool, ao haxixe, à dietilamida do ácido lisérgico, à mescalina etc. Já experimentamos todos eles (de 1956 a 1959), mas os abandonamos na prática terapêutica, quer porque consideramos seus resultados pouco significativos, quer porque preferimos que o jogo se desenvolva sem elementos artificiais.
40. Leach, E. *Cultura y comunicación.* Madri, Siglo XXI, 1993, p. 49.

na situação formal a dramatização se situar temporalmente no passado, presente ou futuro, que devemos considerar duas dimensões temporais profundas, que dependem de uma atitude subjetiva e de uma disposição do indivíduo para seu tempo pessoal:

    1. A primeira centraliza-se no hoje como resultado final de um passado; é a cristalização no presente de uma história.
    2. A segunda centraliza-se no hoje como ponto de partida para o futuro. É um projeto existencial *in status nascendi*.

A primeira entra em contato sobretudo com o significado da estrutura vincular interna. É um relato daquilo que é o sistema em jogo. Desvenda o jogo que aquela pessoa seguiu, está seguindo ou poderia seguir. Desse encontro com a estrutura mítica íntima pode acontecer uma simples tomada de consciência ou uma convulsão desestruturadora. Com intensidades diferentes, ambas as opções — a segunda, com certeza — abrem ou podem abrir o sistema a um replanejamento ou deixá-lo no vazio de sentido ou numa vacilação caótica.

A segunda opção cria um projeto na fantasia do futuro. Esta fantasia pode nascer de um sujeito com maturação adequada da matriz da abertura entre a fantasia e a realidade, aparecendo como uma fantasia possível ou realista ou, ao contrário, a partir de uma confusão fantasia/realidade, que dá lugar a uma fantasia "impossível" em sua realização ou situação na realidade.

No primeiro caso, aparece uma abertura para novos caminhos de realização, um novo sentido à própria vida, que pode dar lugar a um novo estilo de vida. No segundo caso, a dramatização da fantasia "impossível" pode ajudar o protagonista a compará-la com a realidade circundante, procurando dar um passo a mais na distinção entre as dimensões de sua fantasia e as da realidade[41].

Em termos antropológicos, e segundo Leach[42], trata-se de um ritual de cura e, portanto, de um ritual muito concreto de passagem ou transição que se estabelece em um "intervalo de intemporalidade social", no qual não podemos mudar o mundo exterior, mas temos "uma capacidade virtualmente sem limites de jogar com a versão interiorizada do meio ambiente que possuímos em nossa mente", já que esses ritos de passagem "oferecem como resultado afastar o iniciado da existência normal, este transforma-se temporalmente numa pessoa anormal, que existe num

---

41. A dramatização como exploração do futuro parece próxima à proposta de Bono, de uma "lógica fluida" que parte de uma "provocação" e dirige-se a um "para", como meio de desprender-se da "lógica rígida". De Bono, E. *Lógica fluida*. Barcelona, Paidós, 1996.
42. Leach, *op. cit.*

tempo anormal". A semelhança com a descrição que Moreno faz do homem aquecido, como *man ausser sich*, "homem fora de si", vivendo um processo de mudança num tempo não cronológico ou momento, é muito evidente. Também o espaço simbólico da cena se estabelece num espaço sagrado ou área sagrada, como resultado da sobreposição de uma zona liminar "deste mundo" e do "outro mundo", o "normal" e o "anormal", o dos homens simples e o dos deuses imortais. O novo espaço do ritual de trânsito aparece assimilado ao espaço ritual terapêutico[43].

Sem dúvida, existe uma profunda semelhança entre todos os meios que ajudam o homem numa verdadeira transição para outros modos de viver.

A representação nos leva a estabelecer uma nova presença do mundo do sujeito na terapia. E aqui ocorrem vários fenômenos simultâneos:

1. Toda nova apresentação ou reapresentação é assim, é nova ainda que de maneira sutil.
2. A presença da equipe terapêutica formada por egos-auxiliares e pelo diretor psicodramático cria uma situação mais ampla que a do protagonista que a inclui, ingere-a, digere e depois a expele modificada.
3. As técnicas atuam como instrumentos cirúrgicos nos órgãos da cena. O resultado é um maior ou menor grau de desestruturação, de abalo da estrutura anterior que se lança para uma reestruturação, para a busca de um novo equilíbrio, mais adequado, flexível e espontâneo.

(Talvez pudéssemos interromper aqui o processo, mas o sistema terapêutico passou para o outro lado do espelho, e pode ficar morando lá com Alice, com a Rainha Vermelha e com o Coelho; temos de voltar para o lado de cá. A passagem do contexto dramático para o contexto grupal do qual partimos permite que voltemos a nos situar e colocar as novas estruturas, as redes vinculares no espaço transitório e o grupo, nos espaços sociais, onde todos os participantes irão movimentar-se logo depois. Um intervalo nesse momento permitirá também que voltemos a olhar para nós mesmos, partindo desse ponto, e trocar verbalmente as experiências vividas no *trip* terapêutico. Não se trata de analisar, racionalizar, encontrar relações lógicas, nem nada desse tipo. Estes conceitos estão abolidos. Cada vez mais parecem existir argumentos em favor da não-necessidade de uma tomada de consciência para a reelaboração dos conteúdos interiores. Fala-se, sim, da utilidade da troca de vivências, emoções, aproximações e rejeições, tudo o que se compartilhou da experiência crucial do processo terapêutico. Isso não só ajuda o protago-

---

43. Uma vez mais, o encontro entre os meios que buscam a salvação da alma e a do corpo ou saúde.

nista, mas todos, a se situar no "mundo real", como contribui para terminar de reestruturar a rede vincular intragrupal, levando à cristalização de uma catarse do grupo constituído por todos os indivíduos presentes.)

4. Nós nos referimos ao aquecimento como uma técnica muito importante no processo psicodramático; insistimos em que é muito difícil chegar a uma produção terapêutica enriquecedora, a uma catarse de integração, sem um bom processo de aquecimento. Mas também falamos das técnicas aplicadas durante a dramatização. Elas são instrumentos que o diretor psicodramático utiliza e oferece para que se multiplique a eficácia da energia usada no processo dramático. Assim como o microscópio dá uma informação ampliada muito além da simples visão a olho nu, e a terra recebe um preparo melhor quando é revolvida pelo arado e não apenas pelas mãos do agricultor, as técnicas servem como instrumentos que incidem morfogeneticamente (no sentido que G. Bateson usa este termo) no sistema dramático em jogo, além do que ocorreria diante da proposta de uma simples encenação. As diversas técnicas ampliam, dissecam, movimentam, removem, fazem ressoar e vibrar, estimulam e exercem, enfim, todo o tipo de influência útil no processo dramático e, obviamente, são perigosas se mal utilizadas; não nos esqueçamos de que todo o ritual de passagem e, portanto, sagrado, pode ser utilizado consciente ou inconscientemente como ritual satânico.

Centenas de técnicas foram descritas, conforme nos relata Schützenberger[44], e depois que a obra que citamos foi escrita, muitas outras terão surgido. Esta autora descreve-nos dezenas de técnicas, mas as coloca em ordem alfabética, sem nenhuma intenção de sistematizá-las. Em publicações anteriores[45], tentamos construir um esquema classificatório das técnicas, que nos permitisse agrupar em conjuntos coerentes aquelas que oferecem denominadores comuns. Posteriormente, organizamos um pouco melhor esse esquema, que ficou agora tal qual o mostramos aqui.

Em outra obra em andamento, definimos e descrevemos todos os blocos e as técnicas concretas de cada bloco. Aqui nos restringimos aos que dão nome ao livro, jogos e exercícios.

Como se vê no esquema, incluímos jogos e exercícios no texto que podemos denominar de grandes técnicas, não tanto pela sua profundidade, como pela sua extensão. São técnicas que empregamos como base, mas podemos começar e terminar apenas com elas, ou ainda intervir, usando outras técnicas. Queremos dizer que enquanto estamos usando qualquer dessas técnicas gerais, seja uma dramatização, um jogo, um

---

44. Schützenberger, *op. cit.*, 1970.
45. Población, P. em *Psicología dinámica grupal*. Madri, Fundamentos, 1980, p. 167, e em revista *Vínculos*, nº 6, outono, Madri, 1992, pp. 130 e segs.

ESQUEMA DE CLASSIFICAÇÃO DAS TÉCNICAS PSICODRAMÁTICAS			
1. Técnicas que põem em jogo a dinâmica do sistema, levando-o a uma:	Evolução: mudança paulatina Revolução: crise		
a) Técnicas gerais	Dramatizações Esculturas Jogos Exercícios Testes sociométricos e sociogramas *Role-playing* pedagógico Sociograma Onirodrama		
b) Técnicas elementares que se introduzem na prática das anteriores	Técnicas Fundamentais	Duplas Espelho Mudança de papéis	
	Outras técnicas elementares	Duplas Espelho Auto-apresentação Solilóquio Aparte Comunicação não-verbal Comunicação oral não-verbal Multiplicação dramática Interpolação de resistências	
2. Técnicas de aprendizagem de novas vinculações: • *Role-playing* pedagógico vincular:			
3. Técnicas de ingerência no sistema: • Introdução do terapeuta aos egos-auxiliares no sistema, a partir dos papéis simbólicos.			
4. Técnicas que incidem no processo de comunicação, mediante objetos intermediários.			

exercício, podemos interferir com um espelho, uma dublagem, o uso de um objeto intermediário, entrar com a "ingerência no sistema" etc., quando o oposto não é o habitual. São as técnicas que harmonizam o jogo dramático. Todas são "representações de cenas", por um ou outro meio, enquanto as outras servirão como instrumentos que podem ser introduzidos ou não visando-se à maior harmonia do conjunto.

Além de serem caracterizados como técnicas básicas, encontraremos certos pontos que definem e diferenciam os jogos e os exercícios, e outros aspectos que eles têm em comum. Talvez o aspecto mais destacado, compartilhado entre eles, seja que em ambos os casos podemos falar dos corpos que jogam. Nos próximos capítulos, discorreremos sobre esses pontos. Já no Capítulo 2, falaremos do corpo no jogo dramático e no Capítulo 3 definiremos e caracterizaremos jogos e exercícios, acrescentando um método de aplicação.

2
O CORPO QUE JOGA

Nos jogos e exercícios, como de fato em qualquer técnica psicodramática, está necessariamente presente o corpo em jogo, ou o jogo dos corpos. É o corpo em ação, dentro das regras do jogo que mencionamos no Capítulo 1.

Devemos esclarecer, antes de continuar, o que entendemos por ação, pois também é possível falar de uma ação interior, fantasiada; e, apesar de lidarmos principalmente com a ação considerada movimento no espaço, nos jogos e exercícios, não deixamos de contar com outros movimentos mais sutis, internos, como veremos adiante.

Neste capítulo, falaremos de dois itens integrados em seu título: o corpo no jogo e o jogo ou ação do corpo, que constituem uma unidade dinâmica; no entanto, esses itens serão estudados, separadamente, no momento oportuno, para o seu melhor esclarecimento.

Podemos imaginar uma história de ficção científica, na qual se realiza uma psicoterapia em seres puramente mentais, desprovidos de qualquer suporte material, mas, por enquanto, em qualquer forma de psicoterapia os corpos dos participantes estão presentes.

O CORPO EM TERAPIA

O corpo é o objeto onipresente na terapia. Compartilhando uma posição antropológica muito próxima ao pensamento monístico de Von Weizsaecker, não podemos aceitar a separação mente/corpo, já que consideramos tratar-se de uma unidade. O homem é o corpo e o corpo é a presença ontológica do homem.

É um artifício falar de terapias verbais e corporais. Nas mais rigidamente focalizadas no primeiro meio de comunicação, nas quais se chega a "proibir" o *acting*, estamos levando em conta os corpos em seus modos de expressão gestual, na distribuição topológica[1] e até na consideração de aspectos fisiológicos como a sudorese, o rubor ou os borborigmos (ruído dos intestinos), sem falar dos desejos, rejeições e fantasias de todo o tipo que a visão dos corpos desperta. Também nos grupos em que se prefere trabalhar com o corpo (*rolfing*, bioenergética, massagem e outros), é imprescindível o uso da palavra para complementar a relação.

Então, parece-me mais adequado falar de grupos que privilegiam mediante a comunicação verbal e grupos nos quais a ação assume uma função relevante. A ação não só como algo observado e interpretado, senão como instrumento de trabalho voluntário numa tarefa terapêutica grupal[2].

Porém, insistimos em que o corpo marca sua presença em qualquer tipo de grupo, por meios que sistematizaremos no seguinte esquema:

Terapias de predomínio verbal	Fantasia dos corpos Posturas e mudanças posturais Topologia Proxemia Comunicação por gestos, reações posturais, sons sem palavras etc.	
	Vivências corporais	Músculo-articulares Sensações viscerais Sentimentos Dor Outras
	Expressões fisiológicas	Suor Rubor Tensão Tosse Borborigmos Outras
Terapias ativas e verbais (Psicodrama como paradigma)	Ação corporal Interação corporal	

---

1. Foulkes, S. H. e Anthony, E. J. *Psicoterapia psicoanalítica de grupo*. Buenos Aires, Paidós, 1964.
2. A tarefa pode ser terapêutica ou pedagógica.

Como vimos no esquema anterior, no caso do psicodrama, àquilo que consideramos paradigmático das terapias que trabalham o verbal e o corporal agregamos a ação dos corpos e sua interação com todas as outras formas que o corpo apresenta nas terapias verbais. Embora com relação ao nosso tema — jogos e exercícios — o foco de nosso interesse esteja nesses aspectos, vamos repassar alguns itens que podem ser interessantes para o objetivo deste livro. Dividiremos em três seções. No primeiro, vamos nos deter no corpo para si mesmo e para os demais, como algo comum a todos os grupos; no segundo, nos ocuparemos da ação e no terceiro nos limitaremos ao corpo na sessão de psicodrama.

ASPECTOS COMUNS A TODOS OS TIPOS DE GRUPOS

Existe uma farta literatura a respeito dos itens que abordaremos nesta seção, e na bibliografia faremos referência a algumas obras que podem ser consultadas para maiores informações. Vamos direto àquilo que se refere mais aos jogos e aos exercícios. Quando falamos do corpo, podemos por um lado estar considerando o que ocorre no corpo e em nosso próprio corpo e, por outro, o que ocorre com os corpos no espaço. Embora pudéssemos incluí-las aqui, falaremos da topologia e da proxemia em outra seção, porque elas estão acima do que pode ser observado e do que pode ser utilizado ativamente e, por isso, vão além do que será tratado nas duas primeiras seções deste capítulo.

O CORPO PENSATIVO

O homem submerso e absorto em seus próprios pensamentos é aquele que pode desfrutar dos fenômenos que acontecem dentro dos seus limites corporais. Trata-se de um mundo fértil em vivências, que vão desde as fantasias extremamente sutis sobre seu corpo até as que se manifestam num nível mais grosseiro, como são as sensações corporais, o mundo da cinestesia.

O homem fantasia sobre tudo o que é possível e impossível, sobre qualquer coisa, e seria muito estranho que nada fizesse a respeito de algo que ocupa um lugar tão importante em sua escala de interesses: seu próprio corpo.

As fantasias que lhe preenchem esse campo são muito variadas, mas podem ser englobadas em quatro áreas de atração: afetiva, sexual, de poder e de saúde. Estas quatro áreas sem dúvida alguma têm muito que ver com o mundo da relação — é o meu corpo que vejo *em mim, comigo*

45

e *para o outro*. Se creio poder considerá-lo exclusivamente intrapsíquico, *em mim, comigo* e *para mim*, estou esquecendo que no jogo da cena intrapsíquica está sempre latente e em potencial o jogo ritualístico da relação com o outro. Como recorda Bernard, na concepção psicobiológica de Schulder retomada por Head, *o esquema corporal* é entendido, necessariamente, "como função da relação com seu ambiente vital e social"[3]. Se queremos ir um pouco além, podemos buscar a diferença em Matoso[4], entre esquema e imagem corporal: "O esquema corporal seria o mesmo para todos os indivíduos da espécie humana; ao contrário da imagem corporal que é própria de cada um e está ligada ao sujeito e à sua história".

Partindo da nossa própria concepção, o esquema remete ao corpo como uma organização que, enquanto tal, caracteriza o ser humano e o diferencia de outros seres, ao passo que a imagem remete à fantasia que cada um tem de seu próprio corpo, é o esquema corporal individual passado pela lente deformadora da fantasia individual. Então, a partir de uma posição ecológica, o esquema corporal tem seus limites definidos, enquanto a imagem corporal perde a nitidez de alguns limites que se fundem e se mesclam com os limites dos demais e de todo o resto. Num dado momento, a imagem de um confunde-se com a imagem do outro, um outro que o primeiro vive inconscientemente como parte de si mesmo. Talvez em outro caso, como o dos amantes ou da mãe com seu bebê, essa fusão seja vivida também conscientemente. Nós os veremos também em alguns exercícios descritos neste livro, como aquele que chamaremos de "O monte". Observamos também esse fenômeno em determinadas patologias, em alguns tipos de experiências de despersonalização, em algumas vivências dos esquizofrênicos e outros.

A partir dessa concepção, devemos retornar à consideração de que o esquema corporal, sempre deformado no indivíduo que tem a fantasia subjetiva da sua própria imagem, está necessariamente em função do outro, dos outros, pelo encontro intrapsíquico da própria cena e das percepções desses outros e das cenas que eles imaginam em si mesmos.

É interessante essa especificação, porque não só importa o outro que está próximo na relação como o outro que está distante, isto é, os outros e o outro que formam o magma indiferenciado do mundo social com seus modos e seus mitos. Sabemos, por exemplo, que muitos dos transtornos agora tão freqüentes na alimentação são formas sociais de anorexia e de bulimia, como destaca E. López Barberá:

... o perfil da mulher esbelta é um valor integrado em nossa sociedade. Sabemos que a idéia do que a realidade representa está confirma-

---

3. Bernard, M. *El cuerpo*. Buenos Aires, Paidós, 1980.
4. Matoso, E. *El cuerpo, territorio escénico*. Buenos Aires, Paidós, 1992.

da ou modificada por processos aos quais se pode recorrer. Se admitimos essa afirmação, a partir da mais simples observação, planejamos uma vez mais o paradoxo social, no qual inserimos a primeira contradição em relação ao planejamento de mudança:

- Manter o sintoma supõe manter uma conduta adequada a certos valores sociais. De certa forma, nos deparamos com "uma conduta congruente dentro de certas circunstâncias na qual esta se realiza".
- Eliminar o sintoma supõe risco de renunciar a um valor que a sociedade valoriza.

Por outro lado, observamos a conveniência e a perpetuação da situação, a partir da busca de soluções sociais que supõem um "cada vez mais". Para manter a figura esbelta desejada, é oferecida a fórmula de recorrer a recursos — que implicam desdobramentos de benefícios econômicos — que legitimam e promovem os excessos alimentares. Quer dizer, se ultrapassamos o limite de peso, com todos os elementos a favor — forma de preparo dos alimentos, quantidade, qualidade etc. —, oferecem-nos a alternativa complementar, apresentando uma lista de opções — ginástica, produtos, fórmulas "mágicas" etc. — que justificam os excessos e os reforçam. Assim, nos encontramos numa situação incongruente, mas estável e perpetuada no nível social:

- Os meios oferecidos como soluções para o problema de aumento de peso promovem e justificam a permissão de exceder-se na alimentação.
- Os excessos de alimentação fomentados pelos meios disponíveis justificam e avalizam o desdobramento de recursos para eliminar essa situação.

Acreditamos que essa breve e óbvia reflexão justificaria a possibilidade de podermos referir-nos aos transtornos alimentares como uma patologia sociocultural, que excede o nível do indivíduo[5].

Mulheres que hoje choram desesperadas por causa de seu peso seriam consideradas beldades muito desejáveis em nosso país 50 anos atrás, quando o modelo social era a mulher "gorda e branca". Também os mitos familiares marcam e determinam as fantasias corporais, como aquele paciente de um de nossos grupos, que se queixava de sua franzina musculatura, provocando surpresa e risos dos companheiros que lhe mostravam que seus braços pareciam velhos troncos de oliveira, grossos

---

5. López Barberá, E. "Mujeres al borde de un ataque de peso". *XIV Jornadas Nacionales de Terapia Familiar*. Federación Española de Asociaciones de Terapia Familiar. Santiago de Compostela, 1993, p. 114.

e vigorosos, ao que ingenuamente o homem respondeu: "É que na minha família todos são muito fortes e eu sou o mais fraco dos irmãos".

Fantasias que nos levam a ser ou não ser queridos, aceitos, valorizados e desejados, conforme a imagem seja mais próxima ou distante de nós próprios, e ideais estéticos, quase sempre compartilhados, quanto aos traços, à estatura, à gordura ou à magreza. Fantasias sobre o próprio poder corporal, ser mais fraco, como o homem do nosso exemplo, ou ser o super-homem, como nos infelizes casos de homens que quiseram voar e terminaram estatelados no asfalto. E fantasias sobre a saúde, sobre o profundo e desconhecido mecanismo do corpo, com construções de insólitas anatomias, fisiologias e patologias. Nas três áreas, desempenham um importante papel os mitos familiares e culturais que determinam modelos cegamente aceitos, sem nenhuma crítica, por sua própria condição mitológica: a lógica e a *verdade* incontestada que sempre acompanham os modos credenciais de se estar no mundo.

O mundo das sensações corporais é menos rico que o da fantasia, e ambos entram em inevitável diálogo. As sensações corporais são uma fonte de ricas fantasias, e estas movimentam e alimentam as primeiras.

Wernicke chamou de *somatopsiquis* ao conjunto do estado corporal e esquema espacial. K. Jaspers[6] classifica as sensações que constituem a consciência do corpo em "três grupos: nas sensações da superfície do corpo (térmicas, *hápticas*, *hígricas*, entre outras), nas sensações do próprio movimento e da posição em que se encontra no espaço (sensações cinestésicas e do aparelho vestibular) e nas sensações dos órgãos (que tornam sensível o estado dos órgãos internos)".

Todo esse conjunto de sensações afirma a própria existência, faz parte da nossa consciência e sofre o reflexo tanto dos fatores patológicos de caráter orgânico — um infarte do miocárdio, por exemplo —, como de estimulações provenientes de movimentos instintivos, emocionais e afetivos.

O homem como corpo absorto em si mesmo quando está com outras pessoas numa situação terapêutica ou social conserva avaramente para si essas fantasias e sensações por pudor ou medo de compartilhá-las, ou as expressa em um movimento de participação e encontro. Nos jogos e exercícios temos de contar com elas e, se possível, introduzi-las nos relacionamentos. Na verdade, alguns exercícios concentram-se na autopercepção e posterior participação grupal dessas vivências.

O CORPO MOSTRADO

Nesta seção, trataremos de todos os movimentos corporais que se estabelecem como meios de comunicação analógica, linguagem não-

---

6. Jaspers. K. *Psicopatología general*. Buenos Aires, Beta, 1955, p. 111.

verbal que observa a ação, a constata e elabora, mas sem introduzir ainda seu trabalho voluntário como instrumento da terapia. Aqui, portanto, nos limitamos à cinesia, no sentir de R. M. Birdwhistell e A. S. Hayes, dos "movimentos do corpo" e, mais adiante, como comunicação na área da pragmática da comunicação humana, juntando-nos ao posicionamento de Watzlawick em seu livro *Teoría de la comunicación humana*[7] quando afirma que este tratará "da pragmática, isto é, dos efeitos da comunicação sobre a conduta. Neste sentido, devemos esclarecer desde o começo que esses dois termos, comunicação e comportamento, são virtualmente usados como sinônimos, pois os dados da pragmática não são apenas palavras que estão a serviço da sintaxe e da semântica, mas também suas concomitantes não-verbais e a linguagem corporal".

Vamos abordar resumidamente esse tema da comunicação por meio do corpo, valendo-nos de alguns dos numerosos autores que se ocuparam desse assunto em extensão e profundidade, como o próprio Watzlawick, Knapp, Saltzer, Fast, Alonso-Fernández e outros[8].

Portanto, vamos abordar aqui apenas o que mais nos interessa do ponto de vista prático como monitores de grupos. Trataremos daquilo que gira em torno do modo de olhar e da comunicação por meio de gestos, posturas e sons.

O *ver* e *ser visto* têm importância fundamental em toda a relação humana e, por isso, também na terapia, mas atinge seus maiores picos de interesse nos grupos ativos, nos quais em algum momento cada membro ocupará o espaço cênico, onde inevitavelmente será o centro dos olhares. O ato de olhar abrange uma longa linha ininterrupta de vários graus, que vão desde o simples ver desinteressadamente, ser espectador não comprometido com o que aconteceu diante da sua vista, até o olhar que atravessa e despe do escoptofílico. Entre esses extremos, os olhares podem admirar, valorizar, julgar, criticar, desprezar. Qualquer desejo ou sentimento que o observador tenha percebido parece poder voltar e projetar-se pelos seus olhos, convertendo-se na porta de entrada e saída do fluxo comunicativo provocado pelo objeto da percepção, e veiculando uma mensagem que pode chegar ou não a esse objeto, se for humano, provocando no primeiro caso o mesmo fenômeno redundante. Dizemos que houve uma troca de olhares, esquecendo-nos de que a comunicação não se deu através dos olhos, mas por meio de todo o complemento gestual feito pelo rosto e pelo corpo. Entram em jogo movimentos das pál-

---

7. Watzlawick, P.; Bavelar, J. B. e Jackson, D. D. *Teoría de la comunicación humana*. Barcelona, Herder, 1991, p. 24.
8. Watzlawick, *op.cit.*, 1991 e *El lenguaje del cambio*. Barcelona, Herder, 1986. Knapp, M. L. *La comunicación no verbal*. Barcelona, Paidós, 1982. Saltzer, J. *La expresión corporal*. Barcelona, Herder, 1984. Fast, J. *El lenguaje del cuerpo*. Barcelona, Kairos, 1971. Alonso-Fernández, *Cuerpo y comunicación*. Madri, Pirámide, 1982.

pebras, da testa, da boca e tudo o que contribui para dar forma ao que chamaremos de comunicação através do olhar.

Outra coisa são as fantasias daquele que vê e daquele que é visto. As que se deposita no olhar. O que é visto pode atribuir ao olhar diversos conteúdos diferentes, a partir do seu próprio mundo interior. Um olhar neutro e perdido do que olha pode ser interpretado como carregado de afeto ou rejeição, valorização ou desprezo, ou qualquer outra tonalidade pintada pelos desejos e temores do receptor. Seus extremos dariam lugar a atitudes *escoptofílicas e escoptofóbicas*[9], desejo e medo de ser visto. Porque no olhar do outro buscamos encontrar o que queremos que veja de nós, ou o que tememos que chegue a ver, do mais aparente ao mais oculto em nossa psique, desde nossa roupa nova ou penteado, até nosso amor, desamparo ou ódio.

Em psicodrama, costumamos dizer que no grupo, em relação às matrizes grupais sempre potencialmente presentes, também estão presentes em potencial três tipos de olhar: o que se dirige à *matriz de identidade* e que simbolicamente conduz as mensagens de aceitação/rejeição, confiança/desconfiança, ligação/separação e, geralmente, todas as bipolarizações de sentimentos que têm que ver com "o olhar da mãe". Ao olhar que tem que ver com a *matriz familiar* costumamos denominar "o olhar do pai", mas seria mais apropriado falar do olhar dos pais, que está carregado de exigência/indiferença, vigilância/liberdade, afeto/desapego, amor/agressão. O terceiro tipo de olhar, identificado como a *matriz social*, é o "olhar social", que está carregado de valorização/crítica, curiosidade/indiferença, integração/marginalização, e em geral de todos os movimentos emocionais dos grupos sociais. Esses olhares não são apenas percepções subjetivas dependentes dos conteúdos interiores do sujeito receptor, pois parece que essas formas de olhar também podem tornar-se objetivas em função da cena latente do grupo, em relação com a etapa grupal. Como sempre, é preciso contar com o movimento circular que se estabelece no sistema entre ver e ser visto. Isso ocorre no grupo "verbal" e pode ser assinalado e interpretado; porém, no grupo ativo, a importância multiplica-se quando se constitui o/a protagonista no centro de atenção dos olhares de todos. Quem quer que tenha passado de um tipo de grupo ao outro viveu a experiência deste salto, sem dúvida quantitativo, na vivência de ser visto, mas, em nosso entender, inclusive de ordem qualitativa. A origem dessa última hipótese é que, ao se passar para o espaço cênico como espaço-tempo imaginário, entra-se em novas dimensões que são as que estabelecem essa diferença qualitativa.

---

9. Em seu significado mais generalizado de prazer ou medo do olhar.

Fizemos referências aos olhares "ao corpo e à alma". A partir do olhar social, parece possível existir um olhar dirigido ao exterior, mas, a princípio, estejamos ou não conscientes disso, o olhar sempre penetra, e o invólucro permanece sempre como o significante dos conteúdos profundos.

Partindo dessa posição, os gestos, as posturas, os trajes, as maquilagens, os risos e sons que não correspondam a palavras e, mais além, as expressões dos movimentos fisiológicos que se tornam perceptíveis, como o rubor, a palidez, a sudorese, o arfar, a tensão corporal e outras, não têm mais valor do que os sinais da comunicação. Devemos destacar que a semântica desses sinais, como acontece em qualquer linguagem, depende da sintaxe, isto é, que o mesmo sinal, como por exemplo a sudorese, é polissêmico, pode ter diferentes significados que dependeriam do contexto global do processo de comunicação.

Tanto o mundo do olhar, como o dos meios externos da comunicação não-verbal, ou seja, comportamento e comunicação, em última análise serão objetos do trabalho terapêutico, especialmente nos grupos que exigem confrontação. E, mais especificamente, como mencionamos, nos grupos ativos. Nos jogos, e mais ainda nos exercícios que descrevemos no último capítulo, alguns estarão baseados exclusivamente no jogo dos olhares e da comunicação não-verbal, mas, em todos, será preciso comunicar e processar seus aspectos na fase dos comentários em grupo.

TOPOLOGIA E PROXEMIA

Topologia, de *topos* = lugar, e proxemia de *proximus* = próximo. Dois conceitos que em certas ocasiões provocam confusão, certamente porque na prática se sobrepõem, quando os utilizamos como instrumentos terapêuticos.

Quando falamos de *topologia* no contexto de nosso trabalho com grupos humanos, estamos nos referindo a lugares relativos que os sujeitos ocupam no espaço. Essas posições relativas de uns com respeito aos outros marcam ou desenham sobre o chão um mapa elementar das relações entre eles, um modelo esquemático das relações interpessoais-intragrupais. É um esquema que pode ser traduzido numa linguagem de atrações, rejeições e indiferenças, sem poder nem pretender exigir maiores graus qualitativos. Aproxima-se de um sociograma espacial. Esse esquema de relações já se mostra útil para algumas primeiras hipóteses e, por que não, para ser utilizado como ferramenta terapêutica.

Em qualquer grupo humano podemos observar como se situam seus membros. A maneira como uma família se acomoda para iniciar uma sessão terapêutica ou a distribuição espacial dos membros de um grupo terapêutico contém uma informação significativa. O terapeuta pode limitar-se a guardar mentalmente esses dados, ou lançar mão de sua percepção, a partir de uma simples observação ou indicação verbal, passando por uma interpretação, sempre arriscada nesses casos, embora também, na verdade, altamente mobilizadora, até a proposta dos comentários do grupo e da exploração das vivências que são mobilizadas, ao buscar diversas mudanças dentro do grupo. Essa maneira de utilizar a topologia encaixa-se nas técnicas ativas ou psicodramáticas.

Se passarmos das terapias grupais às individuais, parece que só poderemos explorar a topologia da díade paciente-terapeuta, mas, na área dos procedimentos psicodramáticos, utilizamos o meio técnico de sugerir ao sujeito que represente os membros do grupo de referência na sessão (pode ser a família, os companheiros de trabalho, ou qualquer outro) com objetos que coloca no espaço, de modo que as posições e distâncias relativas simbolizem as relações interpessoais. Naturalmente, o sujeito assume sua própria posição no conjunto e, com freqüência, o terapeuta é também colocado em sua relação com o todo. Nesta técnica, não temos a topologia do grupo "exterior", mas sim do grupo "interior" do sujeito. Sendo assim, o caminho terapêutico não passa do grupo (por exemplo a família) para o indivíduo, mas do indivíduo para a família. Queremos dizer, e isto não é válido somente para o trabalho da topografia, que em nossa opinião não apenas podemos trabalhar com uma família ou outro grupo, com o resultado de uma modificação desse grupo e dos indivíduos que o compõem, mas também, quando trabalhamos com o grupo interior de um indivíduo, alcançamos uma mobilização — por meio dele — da estrutura de seus grupos externos (casal, família e outros) e de cada um dos sujeitos que compõem esses grupos.

A proxemia relaciona-se com os estudos de territorialidade, isolamento, aglomeração e outros, realizados por diversos autores; porém, quem se preocupou com a assiduidade e realizou um sólido estudo dos contextos espaciais nos seres humanos foi E. T. Hall[10]. Apesar de estudar diversos espaços, os que mais nos interessam são os enquadrados na classe do "espaço pessoal", que abrange o íntimo, o casual-pessoal, o social consultivo e o público. Cada um desses níveis espaciais corresponde a um tipo de situação relacional em função de numerosos fatores, e caracteriza-se por algumas distâncias que se repetem vez ou outra: até 45 cm para a distância íntima, entre 40 e 120 cm para as casuais pessoais, entre 120 e 346 cm para as consultas-sociais e de 364 cm até os limites do que for perceptível para as distâncias públicas.

Embora os estudos de Hall se limitem a uma amostra dentro de certos meios específicos nos Estados Unidos, achamos que, a partir de nossa experiência, suas correlações podem ser estendidas à nossa cultu-

---

10. Hall, E. T. *The silent language*. Nova York, Doubleday and Co., 1959.

ra, com pequenas diferenças que, inclusive, aparecem como características de distintas regiões dentro de nosso país; porém, parecem-nos irrelevantes na prática terapêutica.

As distâncias mudam em função da relação de intimidade, da atração ou repulsa sexual ou de outro tipo, da condição social e outros fatores, e sua modificação ao longo de uma terapia parece que pode ser usada como indicativa de determinadas mudanças. Rojas Bermúdez utiliza-se concretamente da proxemia quando explora o núcleo do eu e dos sujeitos em um grupo, ou dos diferentes autores em exercícios grupais que analisam o *status* sociométrico, o átomo social e outros fatores. No último capítulo veremos alguns desses exercícios.

Acabamos de ver o quanto a topologia e a proxemia podem ser simples objetos de observação e valorização do grupo, como também podem ser utilizadas como instrumentos de uma terapia ativa.

ASPECTOS PRÓPRIOS DOS GRUPOS "ATIVOS"

AÇÃO E INTERAÇÃO

Quando os coetâneos de Moreno ficaram horrorizados com sua ousada afirmação: "No princípio foi a ação", não podiam imaginar que poucos decênios mais tarde essa posição seria adotada quase como um dogma de fé pela maioria dos psicólogos e biólogos mais pragmáticos. As vozes de Foerster, Piaget e Marina, como representantes das posições cibernéticas, sistêmicas, cognitivo-construtivistas, não têm agora nenhuma dificuldade em reconhecer que todo o conhecimento provém da ação. O verbo, durante certo tempo transformado em princípio e fim dos processos mentais, assume seu lugar como uma parcela a mais da ação.

A vida do homem baseia-se nas ações que o indivíduo executa. Progressivamente, são internalizados mecanismos de conduta ou ação que abrangem todas as áreas de relação do ser humano consigo mesmo e com seu meio ambiente. Reproduzimos algumas linhas de Mora[11], que sintetizam sabiamente o que nos interessa transmitir aqui:

> As conexões entre os neurônios estabeleceram-se no cérebro dos indivíduos como resultado do programa genético e da riqueza sensorial do meio ambiente por eles habitado. A plasticidade do cérebro indica, por sua vez, que essas

---

11. Mora, F. "Neurociencia y el problema cerebro-mente", em *El problema cerebro-mente*. Madri, Alianza, 1995, p. 274.

conexões não são fixas, podendo ser modificadas sob múltiplas circunstâncias ao longo de quase toda a vida. Tudo isso dá uma idéia da quase infinita capacidade de variáveis, sobretudo no que se refere à transferência/passagem de informação, com a qual, em nível de ajuste fino, o cérebro pode trabalhar.

No processo de construção do seu próprio cérebro, o indivíduo já incorpora tanto a carga genética recebida por meio de um processo dinâmico (anatômico e neuroquímico) como o modo sensorial, afetivo, emocional e cultural (no homem) que o rodeia. Tudo isso faz com que, em bom tamanho, todos e cada um dos indivíduos biológicos e, em grau máximo, o indivíduo humano, sejam diferentes e genuínos.

Em certos níveis de estrutura e funções cerebrais, e provavelmente em algumas influências sensoriais e afetivas normais, todos os indivíduos biológicos codificam em seus cérebros condutas e funções que poderíamos chamar de pessoais ou genuínas, e outras de universais. Entre as primeiras, e principalmente no homem, encontram-se todas aquelas que são expressões do mundo abstrato ou "mental". Entre as segundas estão a ingestão de alimentos e bebidas (sobrevivência do indivíduo), a sexualidade (sobrevivência da espécie) e outras menos básicas mas igualmente importantes para os homens e animais superiores como, por exemplo, o jogo.

Nos trabalhos anteriores[12], insistimos na importância das vivências do primeiro e segundo anos de vida como condições constitutivas das primeiras cenas vividas e codificadas biologicamente e, portanto, constitutivas condicionantes dos fundamentos da identidade da pessoa. Fundamentos que, a partir da construção de modificações cerebrais estruturais, influirão na posterior qualidade perceptiva do sujeito, condicionando toda a espiral posterior de informação existencial, que veremos na prática terapêutica através das formações que denominaremos sistema-cena.

Nessa nossa mesma linha, Fonseca Filho[13] utiliza a imagem da "caixa preta" dos aviões: "Sempre que necessário, o vôo poderá ser retomado a partir desse registro, que funciona como uma memória protegida. Por analogia, podemos conceber a existência de um 'registro' para gravar e marcar todas as vivências de um ser humano em seu vôo vital. Esse registro também conteria as vivências não alcançadas pela memória evocativa. Poderíamos usar a expressão 'memória organísmica' para dar um sentido mais amplo e profundo a essa capacidade. As vivências anteriores aos dois e três anos de idade (que a memória evocativa não consegue alcançar) estariam igualmente gravadas. O registro seria sensível não só para as relações humanas estabelecidas, mas para todas as situações vitais". "Quero dizer que o registro não se restringiria apenas

---

12. Población, P. "La escena primigenia y el proceso diabólico". Revista *Informaciones Psiquiátricas*, nº 115, 1989, p. 11.
13. Fonseca Filho, J. S. *Psicodrama da loucura*. São Paulo, Ágora, 1980.

aos fatos tidos como psicológicos, mas também aos biológicos e sociais ou à integração de ambos."

Os esquemas de ação gravados na "memória organísmica" mostram-se essenciais para a posterior percepção, elaboração e conduta do sujeito, e poderão ser "lidos nas entrelinhas" em qualquer de seus modos de relação com o meio ambiente, desde a relação amorosa, familiar, de trabalho, artística e em seus jogos, como os que proporcionamos no psicodrama, e nos que poderemos ler nas entrelinhas, até os modelos primordiais de vinculação.

A INTERAÇÃO

Podemos estabelecer a proposição de que a ação só adquire um significado humano a partir da aprendizagem da interação entre seres humanos. O menino lobo e o menino gazela têm a capacidade filogenética de atuar como seres humanos, mas na relação com sua família de lobos ou de gazelas a interação deles é animal, aprendem a ser lobo entre lobos e gazela entre as gazelas e, como tragicamente se comprovou em casos conhecidos, não foi possível devolver-lhes sua identidade humana. O molde profundo a que foram submetidos nos primeiros anos de vida impediu, por meio de um intenso condicionamento, que as novas experiências lhes permitissem atingir as características de um ser de sua espécie.

A criança aprende a ser, considera-se e atua como ser humano, a partir de sua relação mais primária com outros seres humanos. "A mãe é a placenta social da criança", diz Moreno, e é essa placenta que desde o início configura seus gestos, atitudes e condutas à maneira dos homens. Primeiro, a partir da co-ação e da co-experiência mãe-filho, depois, a partir da descoberta paulatina do não-eu, do eu, do tu e do nós.

As relações télicas originárias com seus primeiros átomos sociais e o surgimento das transferências com os vaivéns de satisfações, frustrações, amor, ódio, aceitações e rejeições que obrigam a movimentos sutis para a adaptação ao meio, vão criando padrões pessoais, específicos e privativos da ontogenia individual. Padrões ou modelos de conduta que formam o sistema completo de memória episódica (Tulving, 1987), que reconhece o conteúdo da história do sujeito — sua memória autobiográfica.

Tais modelos não *determinam* a conduta, mas sim a *condicionam* em maior ou menor grau. Tendem a produzir respostas automáticas aos estímulos do meio, a conduzir a uma inclinação para se preservarem papéis e contrapapéis de condutas conhecidas ou reservadas, limitando o grau de espontaneidade. E sempre fazendo ressoar a atuação, a partir de uma melodia pessoal, reconhecível por meio dos mais insignificantes gestos, movimentos e posições.

A melodia pessoal far-se-á ouvir com mais força quando o sujeito se puser em ação num jogo espontâneo. Livre de sua autovigilância, expressa uma parte de sua orquestração também pessoal, que pode ser considerada o ruído da comunicação, e proporciona ao próximo no jogo seus mais ricos matizes, desde o ritmo de fundo que foi marcado pelas experiências primordiais, até as modulações e os acordes que chegaram a formar sua orquestração final em sua narração autobiográfica completa.

Na interação, vamos além do homem introspectivo em seu próprio corpo, ou do homem que mostra seu corpo. Chegamos ao homem que compartilha seu corpo. O contato, a interação a partir desse contato, cria uma nova dimensão da comunicação humana.

O CONTATO CORPORAL

O contato, o tato compartilhado, remove as águas mais profundas da alma. Essas primeiras experiências de pele contrapele entre mãe e filho marcam os modelos individuais do contatar. O ato de respirar e o de tocar constituem os modos de interação mais antigos de relação com o ambiente. São os primeiros modos de interação com o meio que a vida põe em jogo para o recém-nascido. Os primeiros papéis psicossomáticos que se formam são, talvez, os mais esquecidos, os menos abordados pela literatura. Somente, talvez, nas filosofias/psicoterapias orientais, foi dada a devida importância à respiração, às suas alterações originadas no despertar do recém-nascido em seu novo espaço vital e ao seu novo aprendizado por meio de exercícios graduais perfeitamente estudados.

Muito recentemente se passou a dar a devida importância ao comtato. Os etólogos assinalaram a importância da primeira carícia e da primeira vez em que a mãe e a cria recém-nascida se aproximam, identificando-se mutuamente pelo olfato: esses momentos são tão relevantes que, quando por azar esses rituais de reconhecimento e encontro não se realizam em tempo ou adequadamente, a mãe pode rejeitar o recém-nascido e até matá-lo, se este insistir em aproximar-se. Também os ginecologistas voltam a insistir com as mães para que abracem seus filhos recém-nascidos contra seu peito, antes que sejam levados para serem limpos ou vestidos — pele contra pele. Esse primeiro contato e os sucessivos, influídos pelos sentimentos prévios e momentâneos da mãe, de aceitação, rejeição, desejo, medo ansiedade, alegria, frustração e tantos outros que se mobilizam a partir das expectativas anteriores, como a de o bebê ser ou não desejado pela mãe ou pelo pai, influenciam os desconfortos e as dores da gravidez e do parto, o sexo não aceito, inclusive a frustração diante do aspecto físico... múltiplos fatores podem ser concebidos para criar um tipo concreto de recepção e acolhida, no sentido da matriz de identidade e, mais especificamente, no modo de segurar, acolher e apertar essa criança que perceberá se o contato é receptivo, acolhedor, frio, evasivo, medroso ou de outros muitos modos que irão marcar os modelos de tato e contato que conduzirão como pauta última e íntima de todas as suas relações interpessoais.

O tato é constituído a partir daí, na fábrica do homem ôntico, e os específicos meios de contatar aparecem como metáforas do jeito de ser homem entre os homens.

O contato está unido ao seu pólo oposto, o afastamento. A união e a separação configuram o primeiro jogo exploratório do bebê. Não só tenta separar-se da mãe e voltar a encontrar-se com ela, num interminável jogo de descobertas do eu e do tu, mas sua curiosidade o leva também a experimentar novos mundos de seres e objetos e outros quase infinitos, depósito de experiências sempre novas e enriquecedoras. Mediante a descoberta desse agradável e terrível eu, tu e nós, vai moldando seu processo de socialização. Trata-se de um processo de aprendizagem de condutas, de sistemas de relações, mitos, rituais e limites da espontaneidade. Um mundo aberto, cheio de portas para o prazer e de frustrações dos desejos, marca seu molde que permanece ou vai ficando dia a dia como ponto de partida de seus meios de perceber, saborear e experimentar.

O contato e a separação são os movimentos básicos da interação.

Parece que existem muitos fatores confluentes no impulso para o contato ou para a fuga ou rejeição ao contato. Existem "animais de distância e animais de contato"[14]. O homem, como outros primatas superiores, pertence ao segundo grupo. O mesmo autor[15] opina que existem quatro mecanismos fundamentais na criação de grupos que buscam contato intra-específico:

 a. O medo. "Em muitos animais, a razão de sua fuga é seu congênere. Podemos observar uma função de refúgio semelhante por parte do congênere no homem."
 b. O vínculo sexual. "Freud interpretou o oposto da direção da evolução quando afirmou que os comportamentos da mãe para atender seu filho são comportamentos sexuais", mas acrescenta, "é apropriado pensar que se pode conseguir um vínculo por meio do impulso sexual."
 c. Vínculos baseados na motivação de socorro. "Até onde chegam meus conhecimentos, unicamente os animais que cuidam das

---
14. Eibl-Eibesfeldt, *op. cit.*, p. 407.
15. Eibl-Eibesfeldt, *op. cit.*, pp. 411-4.

crias formam grupos exclusivos, fechados, a maioria baseada no vínculo familiar", ou seja, a ajuda ou socorro entre os indivíduos adultos teria sua origem no cuidado e na proteção das crias.
d. A agressão como vínculo. Aqui Eibl-Eibesfeldt concorda com a tese de K. Lorenz[16], de que os vínculos de amor se formaram "em muitos casos, sem dúvida alguma, a partir da agressão intra-específica", mas inclina-se mais à idéia de que o que provoca os vínculos a partir da agressão é o cuidado das crias, e não a ritualização da agressão intra-específica, como defende Lorenz.

Do nosso ponto de vista, podemos distinguir algumas outras motivações, ou fatores que levam ao contato que conduz ao agrupamento:

- Busca de calor e ternura
- Desejo sexual
- Medo
- Proteção mútua
- Agressão-ataque
- Curiosidade

No ser humano, podemos acrescentar como motivações próprias de sua espécie:

- Cooperação   lúdica
                  de trabalho
                  epistemológica

- Rituais   religiosos
                  sociais
                  etc.

e outras que tendem a separar, estabelecer limites com ele e com os outros:

- Temor, fuga
- Hostilidade
- Prudência ou hesitação
- Inibição

Também existem fatores específicos do ser humano na área da tendência à separação:

---

16. Lorenz, K. *Sobre la agresión, el pretendido mal*. Madri, Siglo XXI, 1985. Edição alemã, 1963.

- Tele negativa
- Rejeição "cultural": mitos, racismo, xenofobia, classismo etc.

Quando tentamos transmitir nossa opinião sobre as formas de motivação de nossa experiência com grupos humanos, não deixamos de considerar que é preciso levar em conta tanto o sujeito da ação ou transmissor do estímulo, como o receptor, que por sua vez responde com outras mensagens que completam o circuito da relação.

Vamos nos deter para tecer algumas considerações acerca de cada um dos fatores mencionados:

a. A busca de calor e ternura. Refere-se aos primeiros cuidados e às experiências de cunho maternal e, embora possam estar ligados e inclusive conduzir à relação sexual, também podemos procurar testá-los isolados dessa área. O impulso sexual, ou melhor, genital, pode constituir um obstáculo a uma ternura desejada, fechando assim o círculo, impedindo também uma sexualidade satisfatória. É o que costumamos ouvir de casais, principalmente das mulheres: "Doutor, meu marido só quer ir direto ao ato sexual, e isto me incomoda, deixando-me fria". A necessidade primária de carícias é aconselhada por Moreno e Johnson para o tratamento de diversas disfunções do relacionamento sexual[17].

Na prática de jogos e exercícios, destacadamente nestes últimos, aparece sempre essa necessidade de carícias e acolhida carinhosa, com a conotação de ternura e não de sexo. Mas quase sempre, com grande ambivalência ou, até mesmo com clara inibição, essa necessidade costuma encerrar um temor profundo de frustrar-se. Atrevemo-nos a dizer que esse movimento, em relação sobretudo à etapa da matriz de identidade, toca fundo na maioria dos movimentos que observamos nos grupos.

b. O desejo sexual. Obviamente impele à busca de um objeto que procure satisfazer sua necessidade. Os inúmeros fatores, tanto individuais, como a especificidade e a seletividade com que o apetite sexual se concretiza em apenas alguns sujeitos, como características culturais e coletivas, que obrigam a inibições e ritualizações da aproximação e oferta de relações dessa natureza, tornam muito complexa a ação das condutas que buscam o ajustamento. É um tema que se precisa elaborar detida e cuidadosamente no psicodrama.

c. O medo. Talvez Bowlby tenha sido o autor que se aprofundou com mais sensibilidade no estudo de como o medo faz o indivíduo bus-

---
17. Masters, W. H. e Johnson, V. E. *Incompatibilidad sexual humana*. Buenos Aires, Intermédica, 1972.

car companhia[18]. Falando das situações que facilitam a autoconfiança, argumenta como esta se origina "de modo paralelo à confiança na mãe" e defende que em qualquer idade, diante de uma situação de risco, e que portanto provoca medo, os seres humanos buscam a companhia de seus semelhantes. Visto que "No meio ambiente no qual o homem evolui, os riscos que aguardam aquele que está sozinho provavelmente tenham sido bem maiores", o *"reagir com medo possui um valor de sobrevivência"*[19] enquanto ele tenta buscar a presença de um companheiro que inspire confiança.

Aprender, por meio de determinados jogos e exercícios, a aceitar ajuda, a confiar no outro, a aceitar que o medo tem seu lado positivo, são metas acessíveis observadas na prática grupal ativa.

d. Proteção mútua. Não se trata da busca de ajuda ou de um defensor, como no item anterior, mas sim, do agrupamento entre membros da mesma espécie ou de espécies que podem conviver, somando suas forças, para formar um bloco defensivo diante de uma possível agressão do meio externo.

Desde os peixes que cerram fileiras nos cardumes, a ponto de aparecer diante do agressor como um só animal com enormes proporções, até os homens que se unem na fortaleza diante de um possível ataque inimigo, são muito numerosas as espécies animais que se unem para se proteger.

A união faz a força. Os indivíduos buscam a proteção mútua, unindo-se uns aos outros em bloco defensivo. Os que são incapazes, ou sentem dificuldade em integrar-se num grupo de semelhantes, ficam isolados, obrigados a lutar sozinhos contra os riscos do meio ameaçador. Este é um dos fatores que dá sentido à busca da criação de uma união grupal nos grupos terapêuticos. A existência de um espírito de grupo, de uma matriz grupal, ajuda-nos a lutar, unidos, contra os "inimigos" que nos ameaçam tanto interna como externamente. O grupo sente-se poderoso para enfrentar seus temores, enquanto o solitário não só se sente frágil diante dos mesmos temores, como seu próprio grupo, no qual se sente marginalizado e deslocado — pertencendo potencialmente — parece-lhe um conjunto estranho e ameaçador.

e. Agressão-ataque. Poderíamos dizer que na proteção mútua os semelhantes se unem para uma defesa passiva diante do perigo, enquanto agora nos referimos a uma união contra a agressão. A luta contra um ini-

---

18. Bowlby, J. *Vínculos afectivos: formación, desarrollo y pérdida.* Madri, Morata, 1986 (Edição original de 1979).
19. O itálico é nosso.

migo ameaçador, a luta pela caça e a luta pela obtenção de bens materiais, como terras, alimentos e outras posses, parecem estar na raiz das motivações que levam as pessoas a agrupar-se com essas finalidades. Como terapeutas, temos vivido nos grupos momentos em que os participantes se unem contra nós. O monitor está investido de todos os aspectos negativos, autoridade destrutiva, humilhação, domínio, castração e outros. É um momento importante, que deve ser vivido e elaborado, para que seja dado um passo em direção ao crescimento dos indivíduos ou do grupo. Um dos meios é a análise das emoções latentes e patentes. Outro é oferecer um jogo no qual o terapeuta possa interferir com um papel de autoridade (ver o jogo do "deus" e do "negreiro") e com o que cada indivíduo, apoiado por todos, possa travar, no plano imaginário, uma luta catártica contra o "inimigo". Em outros jogos (a ilha desabitada) terão de se aliar perante grupos hostis, e assim por diante, em vários jogos e exercícios.

f. Da *curiosidade.* Mencionamos sua relação com a exploração, o aprendizado e o jogo. Neste momento, só nos interessa como estímulo para a exploração do outro, motivação para buscá-lo, para chegar a conhecê-lo, a compreender suas semelhanças e diferenças, sua potencialidade como objeto de atração e de rejeição, de comparação e de modelo. Podemos deixar livre no grupo o pedido de "mostre-nos como você é", que será correspondido com o "olhe como sou", que satisfaz a curiosidade e une seus integrantes pelo conhecimento e pela compreensão que procuram.

g. A *cooperação.* É compreendida — além de uma relação de co-operar ou trabalhar juntos — como um fenômeno de várias motivações, como o são a ajuda mútua, a solidariedade, o desfrutar e outros, e se expressa em diversos campos. Talvez os mais destacados sejam os campos lúdicos, de trabalho e de afinidade epistemológica.

h. O mundo dos *rituais humanos* possui uma vasta complexidade. Participar dos rituais em que compartilham indivíduos de cada contexto cultural é algo necessário, para que nos possamos sentir membros de uma cultura concreta e evitar a marginalização. A pressão interna e externa para participar desses rituais religiosos ou sociais traduz-se por uma força às vezes muito sólida para que as pessoas se agreguem.

Até aqui descrevemos brevemente os fatores que, de modo mais evidente, levam ao agrupamento sobretudo humano, intra-específico, que é o que nos interessa. Mas existem outros fatores aos quais, curiosamente, costuma-se dedicar menos atenção, que são os que contribuem para separar e isolar os semelhantes. Esses fatores interessam tanto os psicopatologistas e terapeutas quanto os anteriores, quando fazem ato de presença, mas que talvez nos devam preocupar até mais, no caso de sua possível ausência.

a. Temor-fuga. Diante de uma ameaça exterior aparece o medo, que pode provocar uma dupla reação primária: as formas que foram denominadas em outros tempos reação de paralisação ou fingir-se de morto e de tempestade de movimentos. Em níveis menos primários biologicamente, aparecem outras duas modalidades de conduta, a que vimos antes, e que consistia em buscar a ajuda dos demais, ou fugir. A fuga de algo que determina um perigo real surge como uma reação funcional à sobrevivência, mas também podemos fugir de inimigos imaginários, produto de fantasias nascidas de dolorosas experiências anteriores. É o caso dos que recusam o contato humano por terem sofrido agressões morais ou materiais que mobilizam essa proteção consciente ou inconsciente.

Segundo nossa experiência, não é suficiente na maioria dos casos simplesmente tomar consciência da origem dessas reações. Mais de uma vez, comprovamos que só saber nem sempre cura; é preciso a resolução na prática. As terapias ativas permitem que se volte a viver a experiência dolorosa, descarregando parte de seu potencial lesivo e, também, posteriormente, a reestruturação das respostas às experiências temidas, no futuro, reassegurando-se por meio da busca de novas formas de resolução, mais eficazes e satisfatórias[20]. Por outro lado, também é possível ajudar a fuga, quando for adequada aos sujeitos que a recusam, a partir de posturas de supercompensação de seus temores ou atitudes antifóbicas.

b. A hostilidade. Pode surgir em relação a outro ser humano, pelo medo de seu potencial hostil, que já abordamos no item anterior, ou como resultado de posições relacionais originadas em nossa percepção subjetiva do outro. As duas opções são: a) a de uma posição de transferência, na qual investimos no próximo componentes de personagens que representaram para nós uma fonte de sofrimento no decorrer de nossa biografia e b) uma relação télica negativa, de rejeição. Não é este o local adequado para discutir sobre tele e transferência; porém, é certo que nos colocamos entre os psicodramatistas que admitem genericamente esses conceitos. A partir daí, é importante tentar aceitar a presença de uma tele negativa, quando aparece com naturalidade e espontânea vinculação, a partir de um encontro no campo do real, mas também ajudar a elaborar os componentes transferenciais que turvam a relação, criando um isolamento ou, pelo menos, uma dificuldade para o encontro.

---

20. Um bom caminho é por meio do *role-playing* pedagógico terapêutico.

c. Prudência e ponderação. Nenhum animal se entrega cegamente à relação com outro de sua mesma espécie. É preciso um reconhecimento, uma sondagem pelo olfato, uma troca de grunhidos ou ganidos, um ir e vir explorando as respostas do outro. Essa conduta, que evita riscos desnecessários de ser agredido e também esforços desnecessários de atacar ou fugir, além de oferecer a opção de iniciar uma relação de contato amistoso, de ajuda ou sexual, aparece do mesmo modo no ser humano. Algumas vezes em rituais sociais e outras vezes por meios mais primários, menos ritualizados. Entretanto, o exagero pode levar a uma exploração interminável, a uma busca de segurança que conduz ao isolamento, pois nunca se consegue sair bem do encontro ou desencontro. A pedagogia da *ponderação* adequada é o objetivo de alguns exercícios (como os do passeio e encontro, o círculo e outros) e, em menor número, de jogos dramáticos, como o jogo paradigmático da selva.

d. Tele negativa. O conceito moreniano de tele é dos mais controvertidos desse autor, mas também um dos mais proveitosos no estudo das redes sociais e dos *testes* sociométricos e perceptuais. Moreno assinala que é um conceito que "surgiu da análise terapêutica das relações concretas interpessoais"[21], e o define, entre outras formas, como "a percepção interior mútua dos indivíduos, na base que os mantém unidos aos grupos. É Zweifühlung em contraste com Einfühlung"[22] (a empatia). Numa excelente revisão crítica, Perazzo[23] aborda uma definição matizada e atualizada, considerando-a "enfocada principalmente na co-criação viabilizadora de um projeto dramático que se desenvolve na complementação dos papéis dentro de um campo sociométrico. Desta forma, a tele confirma ser compatível com a maioria dos temas propostos por mim em suas diversas definições; é um fenômeno de interação que pode ocorrer entre seres humanos, inclui a percepção mas não se limita a ela; abrange a mutualidade, complementaridade, coesão, globalidade vivencial e polimorfismo do desempenho dos papéis; mantém uma correlação com a posição sociométrica e também depende dos processos intrapsíquicos que envolvem qualquer relação".

Essa relação interpessoal pode ser um sinal positivo (aceitação), negativo (rejeição) ou neutro (indiferença). Neste item, referimo-nos à tele negativa como origem de uma "antipatia à primeira vista" entre duas pessoas, uma rejeição mútua, já que se trata de um relacionamento de mão dupla.

---

21. Moreno, *op. cit.*, 1967.
22. Moreno, J. L. *Psicodrama*. Buenos Aires, Paidós, 1972.
23. Perazzo, S. "Tele e transferências: nova revisão crítica", em *Ainda e sempre psicodrama*. São Paulo, Ágora, 1994, cap. II.

A tele negativa separa as pessoas, faz com que não sintam prazer em participar de uma tarefa[24] ou de uma relação emocional, e parece necessário contar com essa realidade no trabalho com grupos e com qualquer das redes sociais com as quais lidarmos.

e. Rejeição "cultural". Incluímos aqui todos os fatores de origem cultural que tendem a separar e inclusive rejeitar outros seres humanos. Entre estes, os mais destacados parecem ser o preconceito racial e social, embora este não seja o espaço para nos estendermos a este respeito, e outras normas marcadas por mitos que impregnam as distintas culturas.

Não achamos que as inibições psicossociais na relação se limitam aos fatores mencionados, mas esses nos parecem os mais evidenciados.

A inclusão no grupo, superadas as inibições, pode exigir um trabalho terapêutico muito complexo, mas há os jogos e exercícios que podem assumir um papel de destaque, que denominamos justamente de "inclusão".

Até aqui vimos os movimentos elementares que unem e separam, que levam ao contato e à desconexão entre os homens, mas é preciso não esquecer que todo movimento em direção a, contra ou de afastamento de um ser humano provoca nele uma reação ou contra-reação que, por sua vez, influi no primeiro; portanto, é sempre necessário considerar as condutas que acabamos de estudar dentro de um marco da dinâmica espiral do sistema completo nela envolvido. O resultado é um jogo muito complexo e variado, embora autores como Berne tenham tentado descrevê-los num conjunto limitado de "jogos" fundamentais relacionados.

O que nos causa aversão é a qualificação baseada em valores, tanto das condutas elementares de encontro e desencontro, como dos jogos vinculares que nascem delas e as respostas que recebem. Parece-nos inconveniente e muito discutível qualificá-las de sadias ou patológicas, adequadas ou inadequadas, regressivas ou progressivas. Cada conduta pode ser qualquer dessas coisas, pois, como sinal de semântica da comunicação, seu sentido, significado e valor irão depender da sintaxe da comunicação, isto é, da totalidade do jogo das relações e do contexto em que transcorre. A partir desses parâmetros, só nos fica em aberto a valorização como resultado final do processo adaptativo e, junto com ele, o conceito moreniano de espontaneidade, como resposta adequada ao momento histórico, e sua incidência no curso biográfico do desenvolvimento do sujeito e de seus sistemas de pertinência.

---

24. López Barberá, E. "La escena del desencuentro". Congreso de la Asociación Española de Psicodrama. La Coruña, 1996.

Do ponto de vista do trabalho terapêutico, com essas condutas mediante jogos e exercícios, sempre devemos observar o contexto do desenvolvimento de uma terapia com mais amplitude instrumental. Os jogos e exercícios serão introduzidos em momentos-chave, em que parecem ser um caminho para ser explorado, demonstrado, experimentado, aprendido e, em resumo, que ajuda a avançar no processo terapêutico.

Sem dúvida, interessa-nos poder avaliar a ação e interação dentro do contexto terapêutico, ou seja, se o *acting in* ou ação na terapia aparece como "sadia ou patológica" em função da finalidade terapêutica buscada.

TIPOS DE *ACTING*, "SADIOS" E "DOENTES"

Quando observamos as pessoas movendo-se num cenário terapêutico, devemos tentar graduar a ação, pois esta exterioriza os parâmetros internos. Para os terapeutas verbais de inspiração analítica, toda movimentação é qualificada de *acting out*, com a conotação pejorativa de algo patológico que se interfere no discurso verbal linear do sujeito. Já Moreno insistiu no *acting out* terapêutico[25] e no patológico: "É aconselhável, por isso, distinguir entre *formas controláveis de acting out*, produzidas dentro dos limites da situação terapêutica e com um objetivo construtivo, e o *acting out incontrolável e irracional*, produzido fora desses limites. Transformando as técnicas de atuação em partes *oficiais e legítimas* da terapia, o paciente tentará "representar" diante do analista as diversas fantasias e intenções que o pressionam em seu interior, em lugar de frustrá-las e transformá-las em resistência à sua cura. Os métodos terapêuticos devem ter por objetivo proporcionar aos pacientes uma variedade de situações operacionais flexíveis, capazes de refletir o caráter "multidimensional" da vida. Hipótese VI: "A fome de representar"[26] de um indivíduo está constantemente buscando situações oportunas para se expressar. Hipótese VII: As forças da resistência que atuam dentro do paciente contra a cura são enfraquecidas e tranqüilizadas ao dar ao *acting out* a forma de técnicas oficiais e legítimas que fazem parte do procedimento terapêutico. Hipótese VIII: O *acting out* de uma situação em um ambiente controlado pode resultar numa medida de prevenção para evitar o *acting out* em sua própria vida. Hipótese IX: A psicoterapia "multidimensional" exige veículos multidimensionais[27]. Porém, no

---
25. Moreno, *op. cit.*, 1967.
26. Moreno, J. L. "Spontaneity Theory of Child Development". Revista *Sociometry*, t. VII, 1994.
27. Moreno, *op. cit.*, 1967, p. 166.

acting terapêutico, podemos reconhecer diversos graus. Podemos traçar uma linha que marca um *continuum* a partir da *ação estereotipada*, pura reserva cultural, ao *jogo espontâneo*, original e criativo. O *jogo ritualizado* é qualitativamente diferente, e convém estudá-lo em suas semelhanças e diferenças com o jogo psicodramático.

A sessão de psicodrama pode ser observada como um ritual que, usando certas manobras ou rituais dirigidos por um curador diante de um grupo de seres humanos, lhes dá meios para se colocarem em contato com seus mitos e atuá-los novamente. Até aqui há semelhança, pois o psicodrama busca mobilizar esses mitos que considera reservas culturais que, com sua rigidez, impedem ou dificultam o acesso do indivíduo e do grupo a uma maior espontaneidade, que dê lugar, por sua vez, a mais espontaneidade e flexibilidade perante o meio em mudança; em suma, melhor funcionalidade. Ao contrário, o jogo ritualizado, como todo o rito dessa natureza, uma vez que alcança a revivescência do mito, persegue sua revitalização. É um retorno às origens da história sagrada (Mircea Eliade) do coletivo, um retorno às origens, para consagrar aos participantes o tempo e o espaço profanos, como seres integrados nesse mundo sacro. Não se trata da busca de uma mudança, mas da realização de um eterno presente, por meio de um eterno retorno. Observamos esses jogos ou rituais desde os chamados povos primitivos, por exemplo, em seus rituais de iniciação, até os grupos de "civilizados" que se reúnem para reafirmar-se na função sagrada de suas idéias políticas ou nas famílias que se reafirmam em seus modelos de relação, que todos os seus membros terão de aceitar consciente ou inconscientemente, de palavra e de fato, como ato de fé, como a VERDADE.

As formas de atuação indicadas pelas categorias extremas daquilo que é estereotipado e espontâneo podem aparecer no processo psicodramático, em qualquer ponto de seu *continuum*. A modalidade de ação estereotipada costuma surgir a partir de duas motivações: uma, inconsciente, que é utilizada para conduzir as pessoas muito rígidas, com pouquíssima quantidade do fator E, que repetem mecanicamente seus comportamentos; a outra, que costuma ser consciente, é a ação "teatral", no sentido da linguagem castelhana de "fazer teatro", de representar sem acreditar no que está fazendo. Aparece como manifestação de uma resistência, de uma contradependência ou de uma conduta psicopática, como causas mais freqüentes. No outro extremo, a ação cheia de espontaneidade, puramente criativa, não é muito freqüente, e só a vemos em alguns indivíduos que já desenvolveram grande capacidade espontânea, à qual se agrega ao seu momento determinado um intenso aquecimento. Naquele momento estamos diante do "homem fora de si", de Moreno, do "energúmeno" de Marina.

O mais freqüente é a ação que já começa condicionada em maior ou menor grau de reserva, de estereotipia, e que durante o processo da sessão e com a ajuda do aquecimento vai concentrando uma proporção maior de espontaneidade.

Nos jogos e exercícios, nos quais os indivíduos se vêem abandonados à improvisação, no aqui-agora, são notadas com certa facilidade as diversas variantes de *acting*, a partir dos membros do grupo.

O fenômeno do *happening*, embora já esteja um pouco ultrapassado, merece ser destacado. Surge ligado aos movimentos de rebeldia contra o estabelecido dos anos 60 e começo dos 70. De fato, em sua pequena e bela obra *El Happening*, J. J. Lebel conta-nos, de modo explícito, que "a luta está decisivamente estabelecida em torno das *proibições*, cuja violação é, para a arte atual, uma questão de vida ou morte"[28]. O *happening* situa-se entre os teatros marginais ou de ruptura, como a obra de A. Artaud ou o teatro do pânico, de Arrabal, e, no extremo oposto, o didactismo de Brecht. Isso porque o *happening* é um meio de expressão artística e não um caminho terapêutico, ainda que "faça a experiência vivida interferir diretamente no mito. O *happening* não se contenta em interpretar a vida, participa de seu desenvolvimento na realidade. Tal atitude requer um laço profundo entre o que foi vivido e o alucinatório, o real e o imaginário"[29]. A partir desses postulados, o *happening* aproxima-se do psicodrama pelo que este tem de abertura, de experimentação existencial no aqui-agora, mas faltam-lhe os fatores de síntese, de elaboração, de integração, necessários a um processo terapêutico. Embora possa converter-se numa experiência vital enriquecedora, converte-se, junto com os outros meios e modos teatrais mencionados, na estética de uma nova ética, deliciosamente expressada por Arrabal: "Quanto mais repleta de acaso, confusão e improviso estiver a obra do artista, tanto mais rica, agitada e fascinante será"[30].

Resumindo, se nos remetemos ao enunciado deste item, *acting* sadios e patológicos, e se denominamos de patológicas as formas de atuação conduzidas pela falta de espontaneidade, podemos incluir entre elas a ação impulsiva ou compulsiva, a psicopática, a obsessiva que aparece como mera estereotipia, e a teatral ou histriônica, própria das personalidades histéricas. O que não significa, do nosso ponto de vista, e aqui discordamos de alguns autores, que essas formas de *acting* não possam ser aproveitadas como ponto de partida para um trabalho terapêutico.

---

28. Lebel, J. J. *El happening*. Argentina, Nueva Visión, 1967.
29. Lebel, *op. cit.*
30. Arrabal, F. *El cementerio de automóviles*. Madri, Taurus, 1965.

ESPAÇO E TEMPO

Espaço e tempo são fatores que temos de levar em conta no transcorrer das terapias, sobretudo das ativas e, muito especialmente, quando aplicamos jogos e exercícios.

ESPAÇO E AÇÃO

Quando observamos um grupo, a partir de uma óptica topológica, dizemos que nos centralizamos na distribuição das pessoas e dos objetos no espaço. Esta afirmação é discutível, porque é certo que a topologia se ocupa da distribuição sobre a superfície do espaço de um plano bidimensional, mas o espaço é tridimensional, e no psicodrama também nos interessa o em cima e embaixo. O teatro psicodramático de Moreno, com seus três níveis, e ainda um quarto nível para os "heróis e deuses", é um modelo dessa proposta direita/esquerda, em cima/embaixo, frente/trás, distâncias e ainda mais, já que falamos de um sistema dinâmico, em movimento no tempo, onde os objetos topológicos da atenção não permanecem estáticos, o que nos obriga a contá-los e compará-los com movimentos *para*. Aproximações e separações, subidas e descidas, rodeios e inclinações, e todo o rico balé — aqui não de gestos ou de movimentos dos membros —, mas de pessoas no espaço, que vão marcando a coreografia geral das relações entre as pessoas que formam um grupo vivo.

TEMPO E AÇÃO

O tempo da ação pode ser visto como o tempo cronológico, subjetivo e pessoal. O tempo cronológico, que diferentes indivíduos ocupam para realizar a mesma e análoga ação, nos servirá para catalogar, a partir do momento cronometrado, a distinta velocidade, rapidez ou lentidão na realização das tarefas; porém, nos conduz principalmente ao tempo pessoal, ao ritmo existencial diferente que é preciso respeitar na execução dos jogos e exercícios, aceitando a rapidez de uns e a lentidão de outros, como avaliações subjetivas puras. Mas, a partir da diferença de velocidade, devem-se levar em conta os desconfortos e a falta de harmonização que podem ser criados nos encontros, quando se exige que o outro se adapte ao nosso próprio tempo, sem respeitar o do outro como igualmente válido.

Outro aspecto do tempo é aquele referido por Moreno quando define o *momento* como "um tempo não-cronológico". Trata-se da vivência subjetiva da dimensão temporal de uma ação. A pessoa envolvida no jogo dramático por meio de um aquecimento eficaz começa a viver a ação a partir de um estado alterado de consciência, no qual o relógio mental, no sentido de Schultz, perde o compasso do tempo cronológico e o sujeito, ao terminar, não tem consciência do tempo transcorrido.

O CORPO NO GRUPO

Quando uma pessoa que intervém numa terapia ativa atravessa a porta do local onde esta se realiza, entra também num processo de passagem significativa, de seu contexto social como realidade habitual cotidiana, para uma realidade episódica com características singulares, que é a de um contexto terapêutico. Entra aí, numa intensa luta interior, uma contradição entre o desejo de mudança, entendido como alívio ou desaparecimento de suas doenças e dificuldades físicas, psíquicas e sociais, e sua recusa em mudar, pois isso significa mudar a conduta, pôr em julgamento diversos conteúdos internos, de natureza emocional, racional e ideológica, com todo o esforço e sofrimento que isso acarreta. Penetra, pois, num espaço-tempo de agonia, que anseia e rejeita, carregado de expectativas, ansiedades e fantasias, e que alguns denominam de paradoxo da intenção terapêutica.

Uma vez no salão em que se realiza a terapia, o sujeito senta-se e começa um processo no qual ele e seu corpo ficam absolutamente comprometidos. A descrição naturalmente é válida para os casos de terapia individual, familiar e grupal. Neste processo, vai caminhar dentro do contexto terapêutico por uma cadeia de experiências com três momentos ou elos bem diferenciados. Nós os chamamos: o corpo sentado, o corpo atuando e o corpo no comentário. Quer dizer, antes, durante e depois da ação.

O CORPO SENTADO

No grupo, *antes da ação*, o sujeito encontra-se num espaço delimitado por seu assento, a parede que está atrás dele — e lhe protege as costas —, os companheiros que estão em ambos os lados e, finalmente, diante dele o espaço aberto, o vazio atraente e temido, como o lugar do jogo, do encontro consigo mesmo e com o outro, mas também um lugar de desilusão e de perda.

Enfrentando esse espaço pleno de um futuro ansiado e temido, sua posição atual, situada ainda dentro do contexto grupal, é vivida como segura. Incrustado entre seus semelhantes, pode retrair-se, adotar a postura corporal em que se sente mais protegido ou optar pela posição espacial na topologia do grupo, que lhe oferece mais tranqüilidade. Tudo isso lhe permite manter-se *onde, como* e *da maneira que sempre foi.*

Enquanto permanece no grupo, torna-se parte dele e, para compensar a perda de certo grau de individualidade, ganha a sensação de uma obscura fusão com o corpo grupal e a vantagem de ser mais um observador que observado, e mais falador que atuante; o silêncio ou a palavra são seus meios preferidos de comunicação, meios que lhe permitem conservar sua couraça corporal quase íntegra, e inclusive fantasiar tudo o que lhe seria possível e impossível, numa possibilidade onipotente vicariante de pôr-se à prova, e gratificante em um ainda-aqui, mas que desperta a amargura do depois.

Entretanto, no grupo psicodramático, o sujeito sabe que a opção de levantar-se e passar à ação está sempre aberta. Mas que, se ele falar, pode ver-se arrastado a isso, o que o faz permanecer em constante expectativa, na luta entre retirar-se ou atirar-se ao cenário. Reproduz-se uma constante existencial, o dilema entre permanecer ou mudar, entre o êxtase conservador e o movimento criativo, entre a resistência à mudança e a busca dela. Mais cedo ou mais tarde, ele se verá decidido ou intimamente compelido a sair para a arena, ou algum companheiro o arrastará, em seu pedido de ajuda, num papel de ego-auxiliar. Nesse momento, poderá dar forma externa a todos os movimentos internos que se esforçavam para atravessar sua couraça e o mantinham fisicamente tenso e desassossegado em sua área emocional.

A tensão corporal nasce da luta entre os músculos agonísticos e antagonísticos. Os primeiros buscando a ação e os segundos, reprimindo-a. É a cópia corporal de esquemas mentais em favor e contra a ação. O resultado dessa luta interior é a tensão que pode chegar a ser dolorosa e provocar tremores nos membros. Uma maneira de romper com essa situação é atirar-se à ação.

O aquecimento do grupo, tanto específico como inespecífico, contribuirá para o impulso à ação, com seu discurso no silêncio ou na palavra que mobiliza os conteúdos interiores; faz com que percebam que estão compartilhando algo e os estimula a exigir atenção e meios de expressão. Se o aquecimento geral ocorre a partir do nível corporal, ajuda a romper aquela couraça e faz com que o indivíduo sinta que não corre tanto perigo e risco em abrir as portas de sua alma.

Na prática, é conveniente assinalar que, quando nos aquecemos a partir do iniciador corporal e o sujeito está muito tenso, se lhe pedimos que relaxe, isto pode levá-lo a maior tensão defensiva inconsciente, ao passo que se lhe pedimos que se contraia, que fique o mais tenso possível, ele toma contato com o incômodo provocado pela "luta" muscular, o que acaba produzindo certo relaxamento espontâneo, que lhe permite começar a atuar sobre aquilo que até agora parecia reprimido. Consegue passar do que denominamos de movimento estático para o movimento ativo.

Chamamos de movimento estático, usando uma expressão claramente paradoxal tendo em vista o comportamento observado do indivíduo, mas que não o é de acordo com a percepção do sujeito que, como dissemos, sente-se tenso e inclusive temeroso e trêmulo, pela contração muscular, em conseqüência da ação reprimida. Por trás estão as fantasias da ação e reação, esteja o sujeito consciente ou não de tais fantasias.

O indivíduo pode permanecer nesse estado durante toda a sessão ou, ao contrário, passar para o cenário e representar, quer como protagonista, quer como ego-auxiliar.

O CORPO ATUANDO

O instante de levantar-se e passar para o cenário está pleno de significado, é um movimento de compromisso, porque a ação sempre compromete. A palavra não tem esse peso, não só é mais leve, mas sua qualidade essencial é a de poder mentir. É um ato em si e compromete o sujeito com seu ambiente, marcando o início de um processo dinâmico mais amplo. É um movimento no jogo com a vida.

Ao se levantar, o sujeito passa para o cenário, ou melhor, estabelece uma parcela do espaço como seu cenário. Já aquele território do salão, pelo fato de ter sido escolhido para uma terapia ativa, preenche-se com o potencial de ser um cenário. Mas ainda é um espaço-tempo caótico, porque está carregado do magma sem ordem de todos os tempos e de todos os espaços que nele poderão cristalizar-se. Antes de ser ocupado, tinha as qualidades negativas da utopia e da ucronia, daquilo que ainda não é espaço nem tempo com significado próprio. Quando o sujeito penetra nele, com a fantasia de uma cena, mesmo que esta não seja representada mais que por um único movimento ou sensação obscura e de significado desconhecido do protagonista, o cenário é preenchido com o espaço e com o tempo daquela cena e da história que a sustenta. No *hic et nunc* atualizam-se os conteúdos do sujeito e do sistema terapêutico em sua totalidade.

É o corpo movendo-se no desenvolvimento do jogo dramático, que começa no momento em que ele se levanta e termina quando volta a sentar-se, o que carrega de sentido e qualifica como espaços e tempos concretos o espaço cênico. Aqui, na dramatização, o corpo atuante que inclui a ação verbal, a palavra, vai jogar em todos os planos em que puder movimentar-se. Não apenas vai agir e interagir, como interiormente vão dançar as fantasias desejadas e temidas, vão se mobilizar os esquemas internos de comportamento, sensações de sentimentos viscerais, peso, flexibilidade, respostas fisiológicas, em suma, tudo o que o corpo/homem é estará contido nesse processo dinâmico e dinamizador da representação. A voragem de estar dramatizando, imerso no *momen-*

to, como situação funcional de um estado alterado de consciência, de natureza hipnótica, movimenta todos os sistemas constitutivos desse ente biopsicossocial que chamamos de homem. Não só o sistema muscular está interagindo, mas também o sistema nervoso, circulatório, endócrino e imunológico. Todos eles sofrem um deslocamento, uma alteração em seu equilíbrio, que contribuía para a estase e homeostase do sujeito no mundo. Essa crise permitirá, na melhor das hipóteses, que se atinja a meta catártica buscada, uma recolocação em um novo ponto de equilíbrio mais adaptado e, parece paradoxal, mais instável, na medida em que é mais aberto ao diálogo com o meio à sua volta. O homem foi removido, na sua intenção de alterar ou remover e também de afastar as inconveniências, nos esconderijos de seu corpo/alma, entranhando simultaneamente as novas possibilidades experimentadas em seu estar com os outros no jogo mágico da dramatização.

O CORPO NO COMENTÁRIO

O sujeito volta ao seu lugar ainda em estado de desequilíbrio, já que a remoção de suas peças ainda não se converteu nesse novo equilíbrio potencial possível que foi procurado com a dramatização. Este deverá ser alcançado com e durante o comentário, que apoiará o sujeito na sua intensa experiência vivida. Intensa por sua grandeza, mesmo que a tenha vivido com humor. O comentário agirá como lenitivo pela compreensão e aceitação dos outros e, contudo, o ajudará a sentir-se de novo no mundo *interpares* e na experiência do real perceptível, depois da ação no jogo de suas irrealidades. E a elaboração será necessária e suficiente para passar, logo depois, do contexto terapêutico ao social, do qual escapou um pouco antes para percorrer sua aventura terapêutica periódica.

3
JOGOS E EXERCÍCIOS

IDÉIA GERAL

Na maioria de seus modelos possíveis, a psicoterapia se desenvolve dentro de um espaço do jogo. A expressão *espaço do jogo* refere-se aqui à terapia que acontece num espaço imaginário, num *como se* que permite explorar as condutas de um mundo relacional, dentro dos limites da não-realização instintiva. Os indivíduos que estão mergulhados nesse espaço e compartilham o jogo testam diversos meios de inter-relação, mas deixando sempre abertos esses caminhos, que não ficam fechados nem são anulados como ocorreria com a satisfação do desejo.

Essa exercitação existencial não só compromete todos os que estão mergulhados no seu espaço, como envolve cada um em sua absoluta totalidade. Não se trata de um fato "psicológico", "biológico" ou "sociológico", em suas concepções reducionistas, mas sim de uma implicação biopsicossocial. O fato lúdico é um fato indubitavelmente de caráter holístico, orgânico + individual + grupal + contextual. Não existe o jogo solitário, ainda que a presença e o estímulo do outro só existam na formação interior daquele que joga.

O jogo assim entendido manifesta-se nos animais superiores e sobretudo nos primatas, incluindo a espécie humana, sendo nela privilegiado como um caminho para aprender a viver, não apenas na infância, mas durante todo o caminho existencial. Pode-se distingui-lo e identificá-lo como "uma forma primitiva de vivência", segundo Moreno. Encontramos uma bela definição do jogo em Motta: "... o jogo é uma forma estética, organizada e livre de participação dos seres humanos no aprendizado da vida"[1].

---
1. Motta, J. M. C. *Jogos: repetição ou criação?* São Paulo, Plexus, 1994.

Por meio do jogo não só aprende-se, mas se aprende a aprender, porque jogando se aprende a jogar. Os que jogam passam a abarcar outros modos, mais variados, complexos e abertos, de estar no mundo. Partem de determinada história, já conhecida, e, começando por ela, conservando-a embora decompondo-a, constroem uma em que novas possibilidades são descobertas. Trata-se de história natural, na qual o corpo em ação cria um *novo corpo, novas condutas, emoções e pensamentos* e, por interação, *cria novas relações entre os indivíduos, nos grupos e entre os grupos.*

Como vemos, a ação e a relação são condições do jogo. A comunicação apenas por meio da palavra limita as possibilidades do jogo e, portanto, das psicoterapias que se restringem ao seu uso. Além da palavra, Moreno introduz a interação dos corpos e, embora seja uma situação criada artificialmente para o recrescimento, o jogo terapêutico aproxima-se mais dos meios naturais de crescimento.

Estamos identificando aqui o psicodrama e o jogo. Qualquer psicodrama é, por definição, um jogo. Jogo terapêutico. Tudo o que escrevemos neste livro em relação aos jogos, no sentido restrito de uma técnica psicodramática, é extensivo e aplicável a toda a tarefa psicodramática. Logo veremos o lugar que os jogos ocupam nesse sentido restrito, dentro do amplo setor das técnicas do psicodrama.

Voltemos ao que dizíamos a respeito do fato de que jogar se constitui no ato criativo de escrever uma história. Uma história escrita por todos os participantes, uma nova história de todos eles, que inevitavelmente os situará em outra posição dentro de si mesmos e dentro do mundo.

Essa história pode ser concebida como um texto escrito por todos os co-experimentadores do fato lúdico. Os próprios atores são os autores do texto no qual podemos distinguir uma sintaxe, rede ou trama de significantes que, mediante suas leis, dá lugar a uma série de mensagens ou conteúdos semânticos. Não é uma única mensagem, mas várias, uma vez que não só podemos ler a mensagem emitida, mas aprender a polissemia das mensagens com significados ocultos simultâneos, sem esquecer a influência de todos os níveis de sistemas externos (instituições, cultura etc.) nas informações veiculadas. Com sua aguçada capacidade de observação das relações humanas, o romancista Pérez-Reverte destaca a importância desses níveis funcionais. No *La tabla de flandes*[2], este autor põe, na boca de uma das personagens de seu romance, um estranho mas inteligente enxadrista, esse complexo modo de ler a realidade. O drama desenrola-se acerca de uma pintura do século XV, que representa uma partida de xadrez, com determinadas mensagens ocultas que o trio de protagonistas tenta decifrar.

---

2. Pérez-Reverte, A. *La tabla de flandes*. Madri, Alfaguara, 1992.

Lúcia, uma restauradora de quadros, que percebe a primeira evidência do mistério por meio de uma frase coberta pela pintura, comenta sua dificuldade em não enxergar além do que está evidente. O enxadrista responde:

— Você se engana ao dizer que não vê nada. Está vendo tudo, embora seja incapaz de interpretar... — sem se mexer, o enxadrista apontou o quadro com o queixo. — Creio que a questão se reduz a um problema de pontos de vista. O que temos são níveis contidos uns nos outros: uma pintura que contém uma superfície que é um tabuleiro de xadrez, que por sua vez contém personagens. Essas personagens jogam num tabuleiro de xadrez que contém peças ... e, além disso, tudo se reflete num espelho redondo que está localizado à esquerda... Se for de seu agrado complicar as coisas, ainda pode acrescentar outro nível: o nosso, que contempla a cena ou as sucessivas cenas. E, para tornar as coisas ainda mais complexas, o nível de onde o pintor imaginou a nós, espectadores de sua obra...

Falara sem paixão, sem gestos, como se estivesse recitando uma descrição monótona, cuja importância considerava relativa, e na qual se detinha apenas para satisfazer os outros. Júlia ofegou, aturdida.

— É curioso que você o veja dessa maneira.

O jogador moveu outra vez a cabeça, inexpressivamente, sem tirar os olhos do quadro.

— Não sei por que você está espantada. Eu vejo o xadrez. Não uma, senão várias partidas, que no fundo são todas a mesma.

O TEXTO DA CENA REPRESENTADA

Na cena apresentada ou na representação, destacam-se quatro componentes:

a. A recriação que o protagonista faz de sua cena interior, no processo de dar-lhe uma forma, ao transformá-la numa cena concreta.

Quero aproveitar aqui para esclarecer o que denomino de cena interior ou oculta. No meu conceito de cena interior, não entendo que dentro do indivíduo exista uma espécie de filme com personagens definidas, que condicione de vez em quando suas relações com o meio ambiente, mas acredito que o indivíduo se movimente no seu ambiente e realize um movimento interno, a partir de certos esquemas de vínculos pessoais, aprendidos e que se constituem a cada momento biográfico, de modo a adaptar-se ao mundo.

A partir desse postulado, se dizemos em nossa leitura o que está ocorrendo, que João se relaciona com Manuela como se ela fosse sua mãe, deve ser entendido como uma linguagem metafórica que serve para comunicar um fato, embora sabendo que a ênfase não está colocada no papel da "mãe", mas em um determinado meio de vincular-se que João aprendeu em seu relacionamento passado com a personagem de sua mãe, e que a utiliza como forma de relação com qualquer *outra* personagem potencial de sua história posterior. Não têm nada que ver com as hipotéticas fantasias inconscientes que o levam de volta à sua infância. A mãe hoje permanece nele como algo irrelevante, e o que importa é o modo aprendido de relacionar-se com os outros.

b. As novas abordagens, graus e deformações que incluem os egos-auxiliares em suas personagens, a partir do seu próprio modo de perceber, elaborar e interpretar os papéis que lhe atribuíram.

c. As influências certas, e às vezes muito sutis do conjunto do resto do sistema terapêutico como um conjunto, como são o/os terapeuta/as, os observadores e o público.

d. A influência mais remota, porém inevitável, do contexto, por exemplo, da instituição em cujo âmago se desenrola a ação terapêutica.

Por outro lado, na cena latente (plano mais superficial da região oculta) que o protagonista procura concretizar, devemos distinguir dois componentes:

1. Um resíduo histórico, que pode inclusive remetê-lo aos primeiros momentos da biografia ou da primeira cena[3].
2. As infinitas modificações ou influências que esse resíduo histórico vem sofrendo a cada instante da biografia do sujeito. Cada nova vivência acrescenta novo matiz ou nova pincelada ao quadro original, de tal maneira que os esquemas primitivos contextuais podem ainda continuar destacando uma importante reprodução do original ou, ao contrário, tê-lo modificado a ponto de ter se tornado irreconhecível. Essa última alternativa é descrita bela e sinteticamente por M. Ende em *El espejo en el espejo*[4]. "Nas minhas caminhadas diárias por salas e corredores, Hor continua encontrando-se às vezes com o eco errante de algum grito proferido imprudentemente em outros tempos. Parece-lhe muito sofrido encontrar-se assim com um passado, sobretudo porque *a palavra pronunciada naquela época chegou a perder a forma e o conteúdo, até tornar-se irreconhecível*"[5].

---

3. Población, *op. cit.*, 1989.
4. Ende, M. *El espejo en el espejo*. Madri, Alfaguara, 1989.
5. O itálico é nosso.

Diante dessa multiplicidade semântica devemos propor, a princípio, uma maneira de traduzir ou interpretar, uma hermenêutica do texto lúdico, se quisermos chegar a um processamento daquilo que nos aproxime de uma compreensão e de um entendimento do que sucede em cada situação concreta.

QUEM INTERPRETA O TEXTO?

Desde o início, cada um dos participantes, entre os quais o terapeuta, constrói sua própria interpretação que não tem um valor maior, do que uma hipótese de trabalho, com todas as suas limitações. Aqui nos estamos referindo a uma *atribuição de significado*, quando uma, entre outras possibilidades, é a tradução do significante. Porém, em nossa opinião, mais do que uma busca de significados ocultos, chamemos de interpretação ou tradução, o que interessa é *a atribuição de sentido*, na medida em que viver construindo um novo texto resulta, inevitavelmente, na formação de um novo sentido da história. Como diz Perazzo[6], o projeto dramático consiste na encenação do desejo projetado na busca de uma nova atribuição de sentido. E, indo além, o ato de escrever o novo texto obriga-nos a uma aceitação da inevitabilidade do passado, com sua compreensão e sua visão como um acontecimento em harmonia dentro do contexto existencial em que se desenrolou; assinala sua percepção como vivência do presente e marca uma projeção para o futuro, através dos novos caminhos que se abrem na nova história. Os acontecimentos do passado perdem, assim, sua capacidade condicionante e, rompendo seu potencial encadeador, rompe-se também a estrutura do presente, que fica exposta ao potencial reconstrutor da história que está nascendo (*in status nascendi*).

Cada jogo ou exercício que surge de improviso, ou que propomos no curso de uma terapia, aparecerá como uma história separada, dentro da história geral do processo terapêutico total. Trataremos de unir esforços num determinado momento para criarmos, juntos, uma experiência de crescimento. Claro que o mais importante é a história, o jogo que será compartilhado, mas também podemos recorrer a alguns pequenos-grandes truques de bom contador de histórias, que no nosso caso chamamos de técnicas auxiliares.

Veremos que os jogos e exercícios aparecem em nossa classificação de técnicas no item que poderíamos chamar de grandes técnicas, porque são as bases para se colocar em jogo as situações que desejamos estudar

---

6. Perazzo, *op. cit.*, 1994.

e transformar, por serem vividas como disfuncionais. Todas as técnicas nos remetem à dramatização ou representação de uma história. Não se trata apenas da encenação, pois também na escultura encontramos a história interior de um sujeito cristalizada no instante e, no teste sociométrico, o momento atual da história do grupo. Por isso, poderíamos chamar genericamente de dramatizações, ou melhor, representações, todas as técnicas incluídas neste item, apesar de preferirmos separar as espécies dentro do gênero, para uma descrição e nomenclatura mais claras e úteis.

Essas "grandes" técnicas podem ser utilizadas e cumprir sua função plenamente. Na verdade, muitos terapeutas práticos assim procedem, principalmente na área de terapia familiar. Porém, podemos recorrer à intercalação de técnicas auxiliares que ajudarão consideravelmente na criação de histórias, no encontro vivencial com seus conteúdos profundos e na sua modificação para uma situação mais funcional.

Essas técnicas auxiliares são todas elementares, porque não são fracionáveis nem podem ser intercaladas a outras, durante sua aplicação. As mais comuns são as que Moreno chama de fundamentais, *dupla*, *espelho* e *mudança de papéis*, podendo se agregar a este grupo o *solilóquio*[7] e, por outro lado, técnicas simples como a expressão não-verbal e a multiplicação dramática.

As técnicas fundamentais remetem-se, como mostrarei em detalhes ao descrevê-las, às primeiras etapas evolutivas do ser humano; além disso, a ação não-verbal ou sem palavras obriga-nos a mobilizar meios de comunicação muito próximos às etapas pré-verbais.

Dissemos que de modo geral todas cumprem as funções de aumentar a eficácia das dramatizações ou grandes técnicas. Ao introduzirmos um desses instrumentos, conseguimos diversos efeitos:

a. Melhorar a qualidade da história, um pouco ao estilo dos escritores de contos, que num momento significativo introduzem um "recurso" narrativo para enriquecer a narração, destacando um ponto importante, chamando a atenção para uma parte significativa que poderia ser oculta, ficar sem destaque, ou descobrindo matizes ocultos.
b. Descobrir ou desvelar o oculto, que constitui outra das funções primordiais dessas técnicas que trazem à tona os sedimentos do tema, revolvendo o que está no fundo.
c. Facilitar a formação de uma nova rede de vínculos, encontrando-se novas saídas para escrever uma história diferente. Nenhuma

---

7. Fonseca Filho, *op. cit.*

dessas três funções é independente; elas interagem de forma circular, facilitando-se mutuamente.

Como recomendamos utilizá-las na aplicação de jogos e exercícios, iremos descrever e explicar o modo de instrumentalizá-las com exemplos simples que ajudem sua compreensão.

Em qualquer dramatização e, portanto, nos jogos e exercícios, podemos buscar diversas finalidades práticas, denominando-as de dramatizações exploratórias, demonstrativas, terapêuticas e outras, como fazem Pavlovsky, Moccio e Martínez Bouquet em *¿Cuando y por qué dramatizar?*[8], mas no fundo vibra uma função unívoca, tentar atingir os movimentos ocultos do sujeito ou protagonista do psicodrama. A ação externa ou jogo dramático busca o contato com a ação oculta, com os esquemas de ação mental ou comportamental que o sistema de jogo contém. Não só aqueles modelos que estão condicionando habitualmente a conduta, quer em suas facetas patogênicas, quer nas saudáveis, mas também todas as que vibram potencialmente no fundo do protagonista ou que, inclusive, podem ser criadas como novas vinculações possíveis do ser humano. Afirmamos que, ao falar de protagonista, estamos nos referindo tanto a um indivíduo em tratamento como à soma de indivíduos que configuram um sistema grupal em tratamento.

Essa intenção de chegar ao oculto é a motivação primordial, sempre visando a mobilizá-lo e a provocar uma mudança. Podemos nos perguntar se, pelo fato de alcançar, de chegar a captar o segredo das tramas da psique, poderemos provocar tal mudança. Acreditamos que o simples conhecimento e o esclarecimento dos conteúdos que permanecem na obscuridade não conduzem necessariamente, e nos parece que nem habitualmente, a mudanças adequadas. Achamos que é preciso mobilizar esses piões imóveis e silenciosos e, às vezes, até criá-los.

Cada vez que é representada uma situação, seja do ponto de vista real, imaginário ou simbólico, seja do passado, do presente ou do futuro, obtemos um quadro perceptível ou cena manifesta. Uma cena com suas personagens e sua relação entre elas, sobre um cenário, e com um desenvolvimento dinâmico no tempo[9]. Mas sabemos que qualquer cena "social" ou manifesta não é mais do que a máscara que tenta encobrir o verdadeiro rosto. O que importa é o que está por trás ou debaixo do que é evidente, o que está fervendo ou pulsando sob o jogo "teatral". É o que Moreno denomina de rede sociométrica inconsciente, e nós preferimos

---

8. Martínez Bouquet, C. Moccio, F. e Pavlovsky, E. *Psicodrama. ¿Cuándo y por qué dramatizar?* Buenos Aires, Búsqueda, 1985.
9. Población, P. "El sistema-escena en el Psicodrama". Revista *Psicopatologia*. 10, 30, Madri, 1990, pp. 143-9.

qualificar de cenas ocultas. Mas, como toda a máscara, o jogo manifestado não apenas encobre como também desmascara. A cena manifestada fala-nos do oculto.

Aqui está o primeiro nível das possíveis consecuções de uma dramatização — o nível de encontro com o oculto. Nível que nos permite levantar uma hipótese de diagnóstico, começando pela leitura pessoal que cada um pode fazer a partir de seus próprios esquemas perceptivos e processuais ou operacionais, e que para o terapeuta pode servir como seu primeiro passo ou marco, sempre inseguro, sempre obrigatoriamente criticado, de sua tarefa terapêutica.

Às vezes, enquanto a ação se desenrola no espaço imaginário, no *como se*, e no encontro inevitável da história com as novas personagens presentes, como são os terapeutas e os outros possíveis membros do sistema terapêutico (companheiros de grupo, familiares ou observadores), a ação já consegue mobilizar as histórias das profundezas, tanto os esquemas de conduta condicionantes como os esquemas potenciais adormecidos. Gostaríamos de fazer uma digressão para recordar que o que chamamos *esquemas adormecidos* são precisamente os que despertam durante as fases REM do sono e aparecem sob a roupagem — embora nem sempre — simbólica dos sonhos[10].

Mas, se quisermos forçar essa mobilização, recorreremos ao variado instrumental técnico, que está além da pura dramatização e nos permite criar as mais diversas táticas em nossa estratégia terapêutica geral. Os instrumentos técnicos nos permitem duas coisas: mobilizar os esquemas habituais de conduta para desestruturá-los e, a seguir, recuperar os potenciais ocultos ou criar potenciais (vínculos) que dêem lugar a novas estruturas, ou seja, que possibilitem a abertura a canais *autopoiéticos* de uma capacidade dinâmica de reestruturação adaptativa ao que Moreno chama de um universo (sistema) aberto e, portanto, com mais espontaneidade.

O que descrevemos é, em essência, o processo terapêutico que significa utilizar e manipular por meio de diversas técnicas o significante oferecido pela cena manifestada para mobilizar os "significados" ocultos ou esquemas potenciais e possíveis de conduta, em um caminho que começa por desaprender ("reeducar é desaprender", disse H. Read) para poder, não aprender outros caminhos de ação, mas sim aprender a criar esses caminhos, aprender a ser criador com maior margem de espontaneidade e plena capacidade de atenção e decisão.

Esse é o segundo e último passo que a terapia busca, a mudança para uma nova mobilidade, mais funcional, ou capacidade de ação e rea-

---

10. Población, P. "Sueños y psicodrama". Revista *Vínculos* nº 2, Madri, 1991, pp. 91-112.

ção do sujeito ou sistema em tratamento. A catarse integral, pessoal e grupal, descritas por Moreno.

Na linguagem metafórica, poderíamos dizer que no ritual psicodramático retornamos aos mitos, conseguindo a fusão do passado e do futuro no presente, que fica aberto e livre do mito num processo biopsicossociológico, encarnado sempre no biológico como suporte último de nosso agir íntimo e social, que significa a fusão do corpo (ator e testemunha do estar no mundo) real e fantasiado.

Eis um exemplo que pode esclarecer e ilustrar o que acabamos de dizer. Maria, uma mulher adulta, queixa-se de insônia desde seu encontro com Eduardo. Teve várias experiências sexuais com ele, mas sempre acompanhadas de galanteios típicos de adolescente, e com promessas de amor e amizade. Na última vez, Eduardo aproximou-se de Maria de maneira brusca, violentando-a; Maria acabou cedendo (segundo seu relato) para evitar que a situação se tornasse mais desagradável e agressiva.

Na sessão de psicodrama bipessoal, o terapeuta sugere que ela comece expressando seu desagrado e sua rejeição a Eduardo, já que, segundo ela, na ocasião ficou inibida e não conseguiu. Para isso, recorremos à técnica elementar das duas cadeiras, numa das quais se senta imaginariamente Eduardo e na outra, Maria. No princípio, defrontando-se com "Eduardo", Maria sente grande dificuldade de expressar seu mal-estar com clareza e emoção. Discute com "Eduardo" que seu comportamento foi impróprio, que não esperava isso dele etc. Tudo feito de maneira muito "correta" e "racional". Ao lembrar-se do que aconteceu, volta a dirigir-se a Eduardo, aquece-se um pouco mais e o acusa de sua conduta, mostrando indignação. Proponho uma mudança de papéis e, como Eduardo, disse a "Maria" que tive a impressão que ela havia desfrutado mais do que normalmente e colaborado com mais paixão do que nas ocasiões anteriores. Diante dessa manifestação, Maria fica silenciosa e começa a soluçar. Volta ao seu papel na dramatização e reconhece que tal afirmação reflete uma verdade que ela se recusa a aceitar. Sempre evitou procurar um homem por causa do seu desejo, pois isso a faz sentir-se culpada, "sentir-se como uma puta", conforme a mensagem que durante anos ouviu de sua mãe, a respeito das relações homem-mulher.

Na sessão seguinte, Maria conta que sua insônia persiste. Proponho que coloque imaginariamente numa das cadeiras sua "mãe interior" e na outra — formando um triângulo — Eduardo. Não há dúvida que essa situação se refere simbolicamente a um típico triângulo edipiano, mas não é isso o que nos interessa aqui.

No início mostra-se bloqueada, mas, aos poucos, com um aquecimento adequado, consegue começar a falar com sua "mãe". Ela a reprova pela "lavagem cerebral" a que foi submetida durante toda a vida, com sua insistência em afirmar que a mulher que demonstrasse seus desejos por um homem seria vista como uma prostituta. Na sua presença, dirige-se a Eduardo e lhe mostra, com ardor, sua ânsia em ser possuída e, de novo, à mãe, seu direito de expor seus desejos sexuais e de ceder a eles. Tudo isso ocorre num clima de intensa emotividade, que a deixa esgotada no término da sessão.

Na semana seguinte relata, toda sorridente, que voltou a dormir com tranqüilidade.

O exemplo descrito é um entre as centenas de dramatizações que se sucedem nas sessões de um psicodramatista. Sua escolha é circunstancial, pois aqui não importa o tema sugerido na dramatização, mas o metanível a partir do qual ele é analisado. Refere-se a dois conceitos-chave: *illo tempore* e *hic et nunc*.

MITO E RITUAL NOS JOGOS

Com o simbolista Mircea Eliade recorremos à expressão *illo tempore* para nos referirmos ao tempo passado da instauração do mito originário criador da história sagrada. O mito pode ser encontrado na história de um povo, mas também de um grupo, de uma família ou de um indivíduo. O que nos interessa é o indivíduo e, portanto, a família à qual o indivíduo pertence.

O mito tem sempre duas faces. Enquanto cultura preservada, permite, por um lado, remeter-se à identidade de um povo que se apóia em sua "história sagrada" e, por outro, à identidade do eu como história (sagrada) pessoal, com o que tranqüiliza e afirma sua segurança no cosmos. Porém, simultaneamente, a "verdade" do mito fixa e obriga o ser a assumir atitudes e condutas éticas que paralisam a evolução e a mobilidade das entidades que a suportam.

Diante dessas duas cargas que o mito carrega, o terapeuta deve adotar, no seu trabalho com a família e com o indivíduo, dois caminhos ritualistas. O primeiro é reforçar os mitos úteis para a sobrevivência e afirmação pessoal; ajudar a consolidar alguns fundamentos de pertinência e de segurança básicos para serem debatidos no mundo das relações, sem perder-se no caos. Trata-se de fazer com que o sujeito se sinta numa trama ética que serve de suporte subjetivo mas eficaz, diante das diversas posições do meio ambiente, e sempre compartilhadas com um número suficiente de outros sujeitos como que para estabilizar-se e poder compartilhar tal posição. A segunda opção, necessária quando os conteúdos do mito se convertem em paralisadores da adaptabilidade e espontaneidade do sistema, é pôr o mito em crise.

O primeiro tipo de ritual remonta aos ritos religiosos dos povos distintos; o segundo é próprio da psicoterapia[11]. O primeiro é religioso, busca reafirmar-se e religar-se com as origens e com os outros; o segundo busca a revolução, é lúdico, tratando-se de um jogo de desaprender, aprender e aprender a aprender novas atitudes e comportamentos.

Não obstante, os dois rituais têm algo em comum, já que fazem presente no *hic et nunc* o *illo tempore*. Apresentam a história como único meio de voltar a exercer sobre ela uma ação eficaz. Ação de reforço ou de mudança. A reafirmação dos aspectos homeostáticos da estrutura ou ruptura desta para deixar penetrar muita espontaneidade que conduza a uma modalidade qualitativamente diferente da *autopoiesis*.

No caso de Maria podemos notar, por ser tão freqüente, um mito familiar que ela mantém e cultiva como algo pessoal ao longo de seus 47 anos de vida, impregnando seu mundo afetivo conjugal e extraconjugal.

Na dramatização terapêutica, mencionamos a estrutura ou o entrelaçamento de papéis da família interna básica que foi, no decorrer da história do sujeito, o suporte do mito. O tecido onde foi bordado até agora de modo indelével o ordenamento existencial de Maria pertence ao presente, embora tenha provindo de uma longa história. Remetê-lo ao passado não é mais que uma estratégia metafórica para aumentar a carga emocional que permita uma ação dramática, porém eficaz. De fato, trouxemos para o aqui-agora um *illo tempore* intemporal. O mito está vivo. Dão-lhe vida a protagonista (Maria), a antagonista (mãe), os deuteragonistas (pai e Eduardo, não uma só realidade) e o corifeu (o terapeuta). Juntos — na situação de terapia bipessoal como é este caso —, as personagens "reais" e as imaginárias repetem o acontecimento mítico. Mas a ação se desenrola por um meio lúdico e não religioso. Não se reforça a repetição, mas a aprendizagem de novas situações. O jogo rompe — *hic et nunc* — uma história "sagrada" baseada num acontecimento nascido *illo tempore* e mantido como parte substancial do estar no mundo de Maria. Não só o rompe como lhe permite criar uma nova estrutura funcional, não baseada numa posição mítica, mas sim num encontro com uma porção maior de liberdade.

Na prática, o processo descrito toma vulto com procedimentos que veremos mais detalhadamente neste mesmo capítulo, no item de metodologia. Em linhas gerais, eles seguem algumas formas fundamentais:

   a. O terapeuta faz uma leitura íntima das cenas presentes, manifesta e oculta, daquilo que percebe nos discursos verbais e não-verbais do método de tratamento.

---

11. Também é conveniente em certas ocasiões, na psicoterapia, religar-nos com estruturas, mitos e ritos do contexto, para lutar contra o isolamento e contra a marginalização.

b. Baseado nessas hipóteses, realiza o aquecimento específico e faz sua proposta.
c. A apresentação se desenvolve.
d. Aplicam-se ou não as técnicas auxiliares.
e. Termina-se com os comentários e o compartilhamento entre os participantes[12].

Até o momento, falamos do psicodrama de maneira geral, e tudo o que foi dito vale para os jogos e exercícios. Antes de comentá-los, vamos nos deter nas técnicas psicodramáticas.

TÉCNICAS PSICODRAMÁTICAS

DEFINIÇÃO

São meios técnicos, ou seja, instrumentos para alcançarmos determinados fins terapêuticos. Fazemos com que incidam sobre o método de tratamento, de maneira a atingir, ou tentar atingir, através de sua influência sobre o sistema manifesto, o sistema-cena oculto, que é o que mantém a homeostase disfuncional. O que tentamos conseguir com isso é romper a estrutura rígida e obter uma estrutura aberta, isto é, com uma dinâmica adaptável ou espontânea na linguagem psicodramática.

As técnicas dramáticas são:

a. Por definição, técnicas ativas e, com freqüência, interativas. Talvez convenha destacar que toda ação é também interação, já que não existe ação no vazio absoluto, quer físico, psíquico, social.
b. Como toda ação, pressupõe algum tipo de mudança, embora neste caso a mudança seja conscientemente almejada como meio de ruptura e de reconstrução. Essa busca da finalidade de uma mudança no sistema é comum a qualquer intervenção terapêutica, seja qual for o modelo teórico e técnico tomados como base. Nós a especificamos porque no nosso caso não buscamos uma mudança qualquer, senão uma mudança da estrutura, de modo que esta permita um desenvolvimento biográfico dinâmico com sucessivas adaptações funcionais.

---

12. Os comentários e o compartilhamento (o *sharing* de Dalmiro Bustos*) contêm matizes diferenciais. Nós preferimos comentar e compartilhar na terceira fase da sessão. (*) Bustos, D. *Nuevos rumbos en psicoterapia*. Buenos Aires, Momento, 1985.

Foram descritas centenas de técnicas ativas ou dramáticas, a maioria incluindo as práticas do psicodrama, embora também de outros modelos teóricos próximos, que utilizam a intervenção ativa, como são os grupos de encontro de Schutz, a terapia gestáltica de Perls, a bioenergética de Reich e Lowen e outras mais.

Essa abundância gerou, por um lado, a vantagem de uma extraordinária riqueza instrumental e, por outro, alguns inconvenientes, entre os quais destacamos dois:

   a. Um deslumbramento com esse riquíssimo leque de instrumentos, que levou muitos profissionais a limitar seus conhecimentos do psicodrama às técnicas, esquecendo-se da riqueza das teorias de Moreno, esquecendo-se de que a compreensão e a melhor utilização das técnicas nascem do conhecimento dessas teorias.
   b. Foram descritas técnicas — Moreno faz referência a mais de trezentas — sem outra forma de compilá-las senão por meio de um catálogo por ordem alfabética, como podemos ler no tratado de A. A. Schützenberger[13].

Diante desse panorama, e além de insistirmos no estudo da teoria psicodramática, queremos abordar um esquema de classificação de técnicas, com a intenção de começar a organizá-las. Achamos que a classificação poderia ser concebida a partir de diversos parâmetros, entre os quais escolhemos o que nos pareceu mais funcional e prático. Procuramos agrupar todas ou, pelo menos, a maioria das técnicas, começando pelo seu modo de incidir no processo terapêutico. Partindo dessa colocação, construímos um esquema classificatório que tem sido retocado e melhorado desde sua primeira publicação na revista *Vínculos*[14].

CLASSIFICAÇÃO DAS TÉCNICAS PSICODRAMÁTICAS

Voltamos ao esquema de classificação das técnicas que aparecem no Capítulo 1.

A seguir, tentaremos descrever e definir mais detalhadamente cada um dos cinco itens contidos no esquema, detendo-nos no primeiro, no qual também procuraremos a diferença entre as técnicas básicas ou mais importantes e as técnicas elementares.

---

13. Schützenberger, *op. cit.*, 1970.
14. Población, P. e López Barberá, E. "Técnicas psicodramáticas". Revista *Vínculos*, nº 6. Madri, 1992, pp. 129-39.

Técnicas básicas que põem em jogo a dinâmica do sistema

Certamente, como mencionamos antes, todas as técnicas incidem na dinâmica do sistema, e se destacamos aqui essa característica é mais para podermos precisar ou classificar os outros grupos de técnicas de acordo com seus traços específicos que se somam àqueles enquadrados nessa qualificação geral, a qual abarca todas as ferramentas técnicas. Isto é, neste grupo, as técnicas vão criar diretamente uma *evolução* ou *revolução* no sistema e só isso as caracteriza, enquanto as dos grupos separados somam a estes outros meios de ação, que lhes oferecem seu estilo peculiar de intervenção e ação mobilizadora da dinâmica do sistema.

Quando falamos em criar um processo de evolução ou de revolução, referimos-nos às intervenções que incidem gradual e cuidadosamente no sistema e às que procuram criar uma crise no próprio sistema. Sem nos preocuparmos agora em definir as pautas para um ou outro tipo de estratégia, queremos esclarecer nossa posição quanto ao interesse em provocar alguma crise em certas ocasiões, por meio de nossa intervenção. A crise se evidencia e se produz numa situação de caos e desordem; contudo, sabemos, como nos recorda Fried Schnitman[15], que "o caos pode conduzir à ordem, pois carrega uma informação complexa" que abre o sistema a uma nova oportunidade de estruturação. De nossa clínica diária, sabemos como a "intervenção na crise", ou seja, a psicoterapia em indivíduos ou sistemas em crise costuma precisar de um tempo mais breve e oferecer maior proporção daquilo que poderíamos denominar de êxitos terapêuticos, o que justifica levar artificialmente certos casos a tal situação de revolução caótica ou crise.

Dentro deste item incluímos dois subitens, o das técnicas gerais ou básicas, e o das técnicas elementares. As primeiras são todas depositárias da história do sistema em tratamento e, talvez, também em certos casos, muito evidentemente, do sistema terapêutico. A *dramatização* é a *encenação* da história, por meio de um estilo real, imaginário ou simbólico. Das três maneiras pode-se escrever a trama de uma narração e também a explicação do passado, presente ou futuro, pois nos três momentos podemos situar a história, por outro lado, sempre presente. É um jogo teatral, a postura em cena ou representação do teatro da vida do protagonista. A *escultura* concentra a história em um instante, torna-a presente no momento imediato, como um instantâneo tridimensional. É uma história contida na plástica dos corpos. Os *jogos* desenvolvem a história profunda sob a roupagem simbólica, bastante complexa por sua condensação de sinais e símbolos em cada parcela semântica e na sin-

---

15. Fried Schnitman, D. *Nuevos paradigmas, cultura y subjetividad.* Buenos Aires, Paidós, 1994.

taxe geral. Aproximam-se do mundo dos sonhos desde sua construção, a partir de fantasias inconscientes individuais e grupais. Os *exercícios* levam o corpo a representar a história inter-relacionada com o grupo no momento do grupo. É a rede sociométrica profunda — não a social ou consciente — posta em ação, transformada em atividade. O *teste sociométrico* estuda e mede essa mesma rede, mas a expressa quer por cifras, meio que aqui não nos interessa, quer por *sociograma*, que a partir de sua evidência gráfica pode ser comparado aos membros do grupo, criando um foro de intervenções verbais e ativas de extraordinário valor terapêutico; trata-se de dar vida à *história materializada* e *cristalizada* no *grafismo do role-playing pedagógico*.

O *sociodrama* é a história do grupo em relação a outros grupos. Os membros ou elementos são os grupos que compõem um sistema supergrupal. É, por exemplo, a história da dinâmica entre os coletivos (médicos, enfermeiros, psicólogos, auxiliares, administradores, pacientes etc.) de uma instituição sanitária. Finalmente, o *onirodrama* é a representação da história interna do sujeito, originada pela elaboração mental noturna e expressa nos sonhos produzidos na fase REM do adormecer. História que, quando surge de um indivíduo de uma família ou grupo em tratamento, temos a experiência de que não só se refere a ele, como também aparece como emergente daquele grupo a partir de sua interiorização, ou seja, a partir de sua família ou grupo interiorizado.

Todas essas técnicas estendem-se temporalmente. Exigem um desenvolvimento que leva certo tempo entre seu relato ou planejamento, formação ou postura em cena, desenvolvimento e finalização. As *técnicas elementares* são usadas quase sempre durante seu jogo. É claro que também podemos usar essas técnicas, além das básicas, em qualquer momento do discurso verbal.

As *técnicas elementares* aparecem como intervenções seguras e, em geral, são breves.

A descrição dessas técnicas foi transcrita de uma obra sobre técnicas ativas, que está no prelo[16].

O duplo

Segundo Moreno, essa técnica encontra-se relacionada à fase de "identidade do Eu com o Tu", isto é, remonta-nos aos primeiros tempos depois do nascimento do sujeito, o que na nossa própria linguagem em cenas denominamos de *cena primígena*. Junto com outros autores[17] temos

---

16. López Barberá, E. e Población, P. *La escultura y otras técnicas activas*.
17. Moreno, *op. cit.*, 1966, Menegazzo, C. M. *Magia, mito y psicodrama*. Buenos Aires, Paidós, 1981 e Fonseca Filho, *op. cit.*

insistido na transcendência das vivências nesta etapa da vida e do modo como se instaura e se constrói a cena primígena.

A técnica do duplo deseja que o ego-auxiliar se converta no outro, fundindo-se com o sujeito. É ele mesmo e sua própria mãe: Volta a repetir-se a fase da unicidade. Ouvindo, vendo e sentindo o ego-auxiliar que se funde com sua mente e com seu corpo, o paciente vê-se a si mesmo, percebe-se expressado fora mas como ele mesmo, reconhecendo-se nessa identidade com a qual convive.

Na prática, podemos distinguir duas modalidades técnicas de dublagem, baseadas mais em fatores quantitativos que qualitativos.

A primeira maneira comportaria sua realização de um modo pleno, com uma identificação total do ego-auxiliar com o paciente, e quase sempre aplicada nos casos de pacientes gravemente afetados. Moreno nos dá um exemplo:

> No cenário psicodramático há uma paciente em tratamento que sofre de psicose. Encontra-se num tal estado de ânimo que torna quase impossível a comunicação; nem o médico nem a enfermeira puderam estabelecer contato com ela. Tampouco consegue comunicar-se com seu marido, filhos, pais e irmãos. No entanto, se pudesse falar consigo mesma, que é a pessoa que está mais próxima dela e quem ela conhece melhor, teria então alguém com quem se entender. Para tornar isso possível, reproduzimos em cena seu "duplo", com quem ela poderá identificar-se mais facilmente, conversar e atuar conjuntamente[18].

A segunda maneira a que nos referimos é a mais freqüente. Nós a empregaremos quando nos dermos conta de que um sujeito se encontra impossibilitado, de algum modo e por alguma razão, de expressar — verbal e/ou corporalmente — seus conteúdos interiores. Não se atreve, não sabe como demonstrar e talvez não esteja consciente de possuir determinados conteúdos. Se, como terapeutas, achamos conveniente ajudá-lo a dar o impulso de arrancada a esses conteúdos, é o momento de proceder à dublagem.

Como primeiro passo, podemos pedir ao sujeito permissão para "dublá-lo", ainda que em algumas circunstâncias achamos que é melhor fazê-lo de surpresa.

De um jeito ou de outro, o ego-auxiliar que faz o papel do duplo procura "colocar-se na pele" do sujeito, adotar sua postura corporal, suas tensões musculares, sua expressão facial... tudo como meio de chegar a "ser o outro". Depois, ao lado dele, e colocando as mãos sobre seus ombros, expressa aquilo que sente que o indivíduo não manifestou, mas faz parte dele. Insistimos em dizer que se trata sempre de tentar completar o

---

18. Moreno, *op. cit.*, 1966, p. 120.

modo da relação que se mostra incompleta pela incapacidade da pessoa, nunca de dar vazão a elementos próprios do ego-auxiliar; isso seria uma multiplicação dramática, ou seja, a concretização da cena interior, do ponto de vista do ego-auxiliar, e não uma dublagem.

Espelho

Desde a formação psicodramática, a técnica do espelho corresponde à fase do reconhecimento do eu. Nessa fase, a criança "se reconhece a si mesma" e descobre sua própria identidade. "Trata-se de um movimento centrípeto sobre si mesma", "percebe que seu corpo está separado do de sua mãe (TU), das pessoas, dos objetos". "... Prepara-se para discernir entre proximidade-distância, contatos carinhosos-agressivos, relação-solidão etc." Nessas palavras, tomadas de Fonseca Filho[19], encontramos uma aproximação a um aspecto dessa fase que nos parece especialmente importante, que é a vivência da solidão, o medo do afastamento, a dor da consciência do vazio da presença da mãe, do outro; vivências que vão surgindo simultaneamente na consciência do próprio corpo, da identidade pessoal. Essa vivência de separação, com todas as suas conseqüências, é o que descrevemos na cena diabólica, transcendental no desenvolvimento da criança, aparecendo marcada ou condicionada em seu jeito de percebê-la e elaborá-la pela prévia cena primígena.

A técnica do espelho pertence a esta etapa. Permite ao sujeito ver-se representado em sua atuação, por meio do desempenho do ego-auxiliar de seu papel. A ênfase do significado dessa técnica é colocada, tradicionalmente, na visão de si mesmo fora de si, "como se" fosse um espelho. Mas nossa impressão é que, simultaneamente, estamos criando uma situação mais ampla e, enquanto concretizamos a técnica do espelho, temos no cenário uma cena constituída inevitavelmente por três personagens (papéis): o sujeito, sua imagem no espelho representada pelo ego-auxiliar e a mãe, quer esteja de fato presente, como pode ocorrer na terapia de família, quer esteja representada por outro ego-auxiliar ou simplesmente simbolizada pela imagem do terapeuta. Nessa cena, além de se ver diante de si no espelho, o sujeito toma consciência de que aquele Eu está se separando e se aproximando da figura da mãe, toma contato e vive consciente ou inconscientemente a cena diabólica.

A partir dessa compreensão teórica, podemos aplicar a técnica psicodramática do espelho com sólida base de seus alcances na prática. Antes de seguir adiante, e embora pareça óbvio ou desnecessário, não queremos deixar de ressaltar — em função de tudo o que foi dito nos pa-

---

19. Fonseca Filho, *op. cit.*

rágrafos anteriores — as nefastas conseqüências que podem ocorrer numa dramatização mal realizada do papel em espelho e, sobretudo, se esta se converter numa caricatura ou numa paródia do sujeito.

É imprescindível que o ego-auxiliar que vai interpretar essa técnica identifique-se com o sujeito cujo papel vai desempenhar, observe seus gestos, atitudes, movimentos, tom e intensidade da voz... que integre em si mesmo todos esses detalhes na unidade do papel.

Há ocasiões em que o espelho não possui a transcendência que lhe atribuímos. Isto é muito importante se um paciente tiver claramente se fixado ou regredido à fase de reconhecimento do eu, com certa gravidade na formação patológica da cena diabólica. Mas insistimos ainda que em muitos casos não importa se o sujeito está se vendo de fora, como se tivesse sido filmado ou fotografado[20]. Por exemplo, quando o sujeito acaba de realizar uma escultura, nós a substituímos por um ego-auxiliar, de modo que ele possa percebê-la não só de dentro dele, como também de fora. Ou, com a mesma finalidade, num dado momento aplicamos a técnica para que possa se ver em sua atuação imediata com os outros. Esse modo de praticar o espelho não exige a precisão do mimetismo nem a identificação emocional que mencionamos anteriormente.

Mudança de papéis

Esta terceira técnica fundamental corresponde à "fase do reconhecimento do TU". Em sua diferenciação do outro, a criança vai alcançando progressivamente uma capacidade cada vez maior de perceber sua própria identidade e o outro (TU) como alguém afastado, diferente. Seja como for, esse processo não costuma terminar na infância, como sabemos. A presença de projeções e transferências indica uma colocação de nossos próprios fantasmas nos outros, de papéis e parcelas que pertencem ao eu e que impedem a clara diferenciação EU-TU. É aqui que a técnica psicodramática de inversão de papéis se mostra profundamente produtiva. Uma mudança de papéis praticada de modo adequado permite que cada um dos sujeitos envolvidos tome contato com o outro, tal como ele é, e que possa conhecer o que de si mesmo estava sendo sedimentado; esses componentes que são projetados podem agora ser recolhidos e integrados como tais, como partes (papéis) do eu, completando o espectro do eu operante e reconstruindo a identidade. Isso também acontece com os papéis transferidos, que pertencem à cena interior, e que conferimos aos demais.

---

20. A filmagem, atualmente quase sempre em vídeo, é muito útil neste e em outros sentidos, mas carece do imediatismo e da veracidade existencial do espelho realizado no aqui-agora.

A mudança de papéis procura alcançar maior maturidade, entendida aqui como clara individualização pessoal e uma percepção do próximo também em sua individualidade. E o contrário também é certo, ou seja, quanto maior a diferenciação EU-TU, mais fácil será praticar uma mudança de papéis e, portanto, um encontro maduro.

A expressão "pôr-se na pele do outro", que costumamos usar, reflete perfeitamente o sentido dessa técnica. É como quando imploramos a alguém para que nos compreenda melhor, "ponha-se na minha pele", "ponha-se em meu lugar", ou seja, observe os fatos do meu ponto de vista, da minha maneira de ser, com os "meus olhos". O poema de Moreno:

> Um encontro a dois: olho a olho, cara a cara,
> e quando estiveres perto arrancarei teus olhos
> e os colocarei no lugar dos meus,
> e tu arrancarás meus olhos
> e os colocarás no lugar dos teus,
> então te olharei com teus olhos
> e tu me verás com os meus[21]

expressa poética e cruamente o encontro verdadeiro entre seres humanos, ao situar cada um na pele do outro e usar seus olhos, seu modo de ver.

O uso na prática terapêutica da inversão de papéis exige certas especificações para que cumpra sua função. Em primeiro lugar, não deve ser utilizada para caricaturar ou agredir de qualquer forma aquele com quem se está permutando os papéis. Com muita freqüência, vemos como um ou ambos os indivíduos envolvidos na mudança aproveitam a oportunidade para agredir, fazendo uma paródia que revela: "olhe, estou lhe mostrando quão ridículo e desagradável você é", ou, mediante a acentuação de traços, por exemplo, agressivos, projetados no outro, que são empregados para destruir aquele que está a sua frente, e não está podendo perceber-se a si mesmo.

Quando se propõe a troca de papéis, é preciso explicar muito claramente o que se pretende. Pede-se a cada um (são sempre duas pessoas) que procure ver com os olhos do outro, a partir de sua estrutura e suas condições. Costumamos utilizar a seguinte fórmula: "Tente-se pôr na pele de B e olhar o mundo; olhe-se a si mesmo (A), a partir da sua maneira de pensar, das condições do seu meio, seu sexo, sua idade... Você conservará, naturalmente, seus próprios sentimentos e idéias; desse modo poderá compreender olhando de dentro para fora". O que busca-

---

21. Do primeiro livro de Moreno, *Invitación al encuentro*, 1914. Retomado em seu livro *Psicodrama, op. cit.*, 1972, p. 17.

mos transmitir é que A se introduza na cena interior de B e se constitua um observador participante e vice-versa, de modo que cada um possa ver o mundo do ponto de vista do outro.

Depois de nos certificarmos de que A e B compreenderam o que pretendemos deles, nós os levamos, seguindo essa técnica, a ocupar fisicamente a posição espacial do outro; trocamos seus lugares, como meio de facilitar o intercâmbio de pontos de vista. Ao terminar o tempo do processo técnico, pedimos que voltem à posição anterior. Se não o fizerem, poderá haver confusões posteriores com os próprios papéis e com os papéis do outro, com o risco de ficarem "enganchados" no papel oposto.

Há uma série de contradições na aplicação dessa técnica. A mudança de papéis diante das seguintes situações estará facilmente fadada ao fracasso:

a. Numa relação fortemente carregada de agressividade, rejeição e ódio.

b. Quando os sujeitos envolvidos numa relação apresentam uma estrutura interior em razão da qual ainda são incapazes de realizar uma troca de papéis.

c. Quando a diferença no nível de maturidade entre os dois participantes for muito grande.

A inversão de papéis será uma técnica especialmente útil nos relacionamentos complementares assimétricos, de domínio-submissão, em qualquer de seus graus e formas de expressão.

Até o momento, apresentamos as técnicas que denominamos de elementares. Ficamos em dúvida se devíamos ou não incluir a técnica do solilóquio. Para Fonseca Filho[22] haveria uma relação com a fase de reconhecimento do eu, como no caso do espelho: "Este (o solilóquio) não é mais do que uma conversa consigo mesmo, a possibilidade de ver-se numa relação. Dentro de uma 'relação' existe um momento em que posso tomar 'distância' e refletir sobre minha forma de relação, sobre a do outro ou sobre a relação em si. Nesse encontro de meus modos de relacionamento, esta técnica justifica sua colocação entre as principais, a respeito do reconhecimento do eu". Mas, por outro lado, em geral o solilóquio conduz mais a uma reflexão racional, que pode até provocar uma separação, um distanciamento das emoções; por isso, preferimos incluí-la nas "outras técnicas elementares", situadas entre os dois grupos.

Essas "outras técnicas elementares" não são tão elementares como as anteriores. Sem medo de errar, poderíamos chamá-las de solilóquio.

---

22. Fonseca Filho, *op. cit.*

Solilóquio

Nesta técnica, pedimos a uma pessoa, em determinado momento, que expresse em voz alta qualquer coisa que lhe esteja passando pela cabeça. Podemos sugerir que ela fale sobre si mesma ou sobre as coisas que estão acontecendo ao seu redor. Assim, poderíamos definir o solilóquio como uma expressão dos sentimentos e pensamentos de um indivíduo, sobre a percepção que ele tem de si mesmo naquele momento e/ou do sistema do qual faz parte. Isto implica um esclarecimento dos conteúdos ocultos e costuma passar por uma redefinição do sistema, do ponto de vista pessoal.

Existe um solilóquio espontâneo realizado pelo protagonista, que não lhe foi recomendado, por meio do qual ele sai do papel da situação, e que é uma forma de resistência. Conforme diz Moreno[23]: "Um sujeito espontâneo, totalmente absorvido no seu papel, não pode recorrer ao solilóquio, nem a respeito de si mesmo, nem a respeito do seu papel. É com a parte do seu eu que não foi arrastada nem hipnotizada[24] pelo papel, que ele pode utilizar o solilóquio". E mais adiante: "A freqüência do solilóquio é um sinal da intensidade do papel: quanto mais vezes se interromper o papel, mais frágil será sua identidade".

Essa fuga da situação deve ser abordada com aqueles recursos técnicos que possam ajudar o protagonista a mergulhar de novo no papel, ou abandoná-lo, e passar para outros meios, já que este não lhe está servindo ou, em todo o caso, para que entre em contato com suas resistências.

O distanciamento do mergulho na cena também pode acontecer quando o solilóquio se realiza por sugestão do terapeuta, e por isso é conveniente avaliar a freqüência de sua utilização. Se abusarmos dele, veremos como se passa imperceptivelmente de uma exteriorização dos conteúdos emocionais para uma conversa com o terapeuta, sem maiores interesses naquele momento.

A finalidade dessa técnica é concretizar, evidenciar no "calor" do aqui-agora um momento do desenvolvimento do drama. Nessa hora, tanto se pode utilizá-la durante o discurso espontâneo do sujeito com o terapeuta, como em uma dramatização. Procura-se fazer com que surja um conteúdo no momento em que está ocorrendo. Assim, a proposta costuma ser fria: "Expresse em voz alta o que você está sentindo e pensando neste momento". Pode-se acrescentar: "Sobre você mesmo",

---

23. Moreno, *op. cit.*, 1966, pp. 288-9.
24. Aqui, o termo hipnotizado deve ser tomado no sentido de aquecimento; sugerimos a leitura da obra *Empleo de la hipnosis en terapia familiar*, de Ritterman, em que se desenvolvem os conceitos de estados de consciência do tipo hipnótico, no decorrer das terapias, que se ajustam com os que Moreno descreve no "momento" da dramatização.

"em relação a sua família, seu companheiro/a, à situação que está vivendo etc.".

Uma maneira de fugir do compromisso do solilóquio é desviar-se da idéia de uma narração de fatos alheios ao aqui-agora. Convém conduzir o sujeito a concretizar o que foi sugerido. Os solilóquios breves e apropriados são os que mais se aproximam da manifestação do momento vivido.

Os momentos *idôneos* que se devem propor num solilóquio são:

a. A partir da observação da desarmonia entre a comunicação digital e a analógica, quando as mensagens gestuais refletem um discurso interno, importante, contrário ou pelo menos diferente do que o que ouvimos verbalmente. A sugestão de um solilóquio é uma forma de codificar-se verbalmente a linguagem não-verbal. Por meio dessa interpretação, conseguimos ouvir o que está oculto, uma vez que o que está oculto, ao ser expresso, redefine a situação de modo diferente do que a palavra definia.
b. Enquanto estão sendo aplicadas outras técnicas, como as esculturas ou os jogos. Se se trata de uma escultura, por exemplo, o sujeito construiu-a como uma idéia fundamentalmente intuitiva de sua cena interior[25]. A escultura realizada está aí, como expressão simbólica de sua óptica pessoal inconsciente do sistema, por exemplo, que representa sua família. Ao propor-lhe agora um solilóquio para verbalizar como se situa nessa escultura e como a percebe, estamos levando o indivíduo a um segundo passo, que é a tomada de consciência de seu papel nesse conjunto, e um replanejamento da rede de vínculos, "começando por fora".
c. No caso do jogo, costumamos propor o solilóquio quer num momento significativo de seu curso quer no seu final, antes do comentário. O solilóquio desde o papel, quase sempre simbólico, que obriga a transpor barreiras até o limite do que é manifestado, por meio de vínculos com os quais se jogou simbolicamente e que, ao serem expressos como significados antes ocultos, tomam contato com os significantes, problemas, sinais, sintomas ou outras formas inadequadas de relação.

O momento *inadequado* para propor essa técnica é quando pode facilitar as resistências ou dificultar um processo de aquecimento para o papel. Sobretudo em pessoas com tendência à racionalização, que apro-

---

25. Considerando-se que a intuição é a maneira como funciona o hemisfério direito, parece uma redundância dizer que a intuição se expressa nas cenas, já que a cena, a *gestalt* ou sistema, é o modo natural de percepção e expressão do hemisfério direito.

veitam para justificar seus longos discursos racionalizadores, convém tomar cuidado com o solilóquio.

Comentamos anteriormente nossa dúvida em manter o solilóquio entre as técnicas fundamentais ou incluí-lo entre as técnicas que denominamos de "outras técnicas elementares". Referimo-nos à opinião de Fonseca Filho segundo a qual podemos estabelecê-la com relação à fase do espelho, na medida em que a referência sobre si mesmo acarreta um processo de auto-reconhecimento. Acreditamos que, conforme o uso que dela fazemos, podemos considerá-la, em alguns casos, uma técnica fundamental ligada a etapas precoces da evolução da mente e, em outros, como uma técnica mais superficial, relacionada com a descoberta do aqui-agora.

Auto-apresentação

É uma técnica que pode aquecer o protagonista e, simultaneamente, proporcionar grande riqueza de dados às entrevistas exploratórias.

Vejamos como se descreve a auto-apresentação: "O sujeito se apresenta a si mesmo tal como é nos papéis que interpreta na vida... Começa pelo seu nome, sobrenome, idade, condição familiar, problemas, conjunto de pessoas que formam seu círculo social... Depois, pedimos que represente uma cena com um ou diversos egos-auxiliares[26]."

Ajusta-se o modo de aplicar essa técnica aos interesses específicos do momento. Costuma-se sugerir ao sujeito que diga seu nome, idade e outros dados e que os represente em cenas na forma de esquetes rápidos, com aqueles membros da família que ele escolher, porque sua relação com eles lhe parece mais significativa. O ideal seria que o próprio sujeito representasse ambos (ou mais) papéis, pois o que interessa é que manifeste sua visão subjetiva dos seus vínculos.

Aparte

Ao longo do desenvolvimento da dramatização, surgem momentos em que o terapeuta percebe que um dos membros implicados na situação posta em jogo sente a necessidade de expressar sua opinião ou algum sentimento, mas fica inibido por temer que sua interferência não seja oportuna e possa ser rejeitada por alguma razão.

É o momento de sugerir-lhe um aparte; isto é, que "pense em voz alta", mas que tenha absoluta certeza de que sua interferência é "alheia" ao que está ocorrendo no grupo, ficando clara sua dissociação.

---

26. Schützenberger, *op. cit.*, p. 84.

Comunicação não-verbal

Todos sabemos que existem mensagens que são transmitidas mais adequadamente — ou quase exclusivamente — por meio da comunicação verbal e outras que o são pelo modo gestual.

Em certas ocasiões, nota-se como determinado indivíduo se esconde sob uma verborragia racional que oculta uma defesa para evitar a manifestação de mensagens emocionais. De nada serve chamar-lhe a atenção; ao contrário, isto poderá provocar um reforço desse uso de palavras, e nós corremos o risco de cair no jogo de travar com ele um debate verbal absolutamente estéril. Por outro lado, se não interferimos, o discurso não consegue mais do que repetir a relação estereotipada que o sujeito estabeleceu com aquele outro que recebeu sua mensagem e que repetirá, inevitavelmente, sua resposta habitual.

É o momento de sugerir o meio de comunicação não-verbal. A instrução pode adquirir diversas nuances formais, porém em seu bojo é mais ou menos isto: "A partir de agora, tente comunicar a Fulano a mesma coisa que você queria dizer-lhe com palavras, só que sem lançar mão delas. Faça-o com gestos e com seu corpo".

Se o sujeito aceita, fica ensaiando a maneira de transmitir o que havia sob sua torrente de palavras, e quase sempre se surpreende ao se ver numa cadeia de atos que reconhece inevitavelmente como seus, captando-os emocional e intuitivamente como algo próprio, mas com a perturbação e o prazer do encontro integrador de aspectos negados de sua personalidade.

Na prática dessa técnica, devemos diferenciar a possibilidade de que o protagonista se expresse com gestos-palavras, definindo plasticamente as palavras, em uma maneira manual da linguagem digital. É evidente que precisamos ajudá-lo a encaminhar de outro modo sua experiência em comunicação.

São duas as formas de relacionar-se que estabelecem duas cenas distintas. No primeiro caso, entra-se em contato com a parte emocional que expressa plasticamente o nível de relação a que o protagonista pode chegar com seu antagonista... e talvez com qualquer antagonista. No segundo caso, a barreira verbal situa o sujeito (ou tenta situá-lo) fora da cena, recusando o encontro com seu interlocutor.

Comunicação oral não-verbal

Poderíamos considerar outra modalidade de comunicação não-verbal, com interessantes nuances diferenciais.

Não se trata de uma comunicação corporal no sentido comum do termo[27]; queremos eliminar as palavras de uma linguagem conhecida e

---

27. Naturalmente que por ser oral é corporal.

substituí-las por uma linguagem oral improvisada. Existem três modalidades:

a. Uma língua inventada, por exemplo: "Arú sincual para to utipo".
b. A escolha e o uso de uma única vogal para comunicar-se, modulando-a em diversas variedades de timbre e intensidade: "Aaaa... AAAA... A...a".
c. A exploração de todo tipo de sons, gritos, grunhidos, gemidos, sibilos etc. e os não articulados: "Grrrr ... Gnnn ... Vsss ...".

É preciso que o sujeito saiba que pretendemos que ele transmita sua mensagem emocional subjacente. Devemos ainda deixar claras as instruções de como essa comunicação deve ser feita. Como no item anterior, é preciso evitar recorrer a uma pseudo-utilização desses meios.

Essas técnicas, como a frase popular "diga-me cantando", também bloqueiam o gagueio e permitem que o sujeito mantenha uma comunicação mais fluida. Embora pareça mais desconfortável ou difícil que a anterior, certamente para pessoas que têm muita dificuldade de contato físico, esta modalidade é uma alternativa que atua como facilitadora para romper muralhas protetoras.

JOGOS E EXERCÍCIOS[28]

IDÉIAS GERAIS

Os jogos e exercícios são técnicas que possuem pontos em comum e aspectos diferenciados que veremos em seguida. Mas antes queremos situá-los dentro de um conjunto que denominamos de grandes técnicas. Jogos e exercícios representam rituais de passagem ou de "cura". E. Leach[29], estudando os processos de comunicação dos rituais religiosos, destaca como sob a impressão de "enorme complexidade e total desunião" produzem-se experiências pessoais e interpessoais que apresentam como resultado geral uma "mensagem combinada". Nos jogos e exercí-

---

28. Depois de terminado o livro, neste momento que uma nova correção ou ampliação está sendo acrescentada na área de comportamentos obsessivos, recebo do amável dr. Sergio Perazzo seis livros referentes a esse tema, que quero que constem aqui: Motta, *op. cit.*, 1994. Motta, J. M. C. (org.) *O jogo no psicodrama*. São Paulo, Ágora, 1995. (Estes dois com uma carinhosa dedicatória) Boal, A. *200 exercícios e jogos para o ator e o não ator com vontade de dizer algo através do teatro*. Brasil, Civilização Brasileira, S.A.,1995. Fourneaut Monteiro, R. *Jogos dramáticos*. São Paulo, Ágora, 1994. Yudi, K. e Yozo, R. *100 jogos para grupos*. São Paulo, Ágora, 1995. Sílvia Jr., A. *Jogos para terapia, treinamento e educação*. Panamá, Imprensa, 1982.
29. Leach, *op. cit.*

cios, desde a proposta de que todos joguem uma situação no espaço imaginário psicodramático, sucede algo análogo ou semelhante ao que foi descrito por Leach: "Mas o que realmente *sucede* é que os participantes de um ritual compartilham simultaneamente experiências de comunicação por meio de muitos canais sensoriais diferentes; representam uma seqüência ordenada de sucessos metafóricos num espaço territorial que foi organizado para proporcionar um contexto metafórico à representação. É provável que as 'dimensões' verbais, musicais, coreográficas e estético-visuais constituam os componentes da mensagem completa"[30].

No nosso caso, o espaço metafórico onde se realiza o ritual é o cenário constituído pelo espaço virtual na matriz do grupo. Os sucessos metafóricos, tanto individuais como do conjunto, a partir do jogo pessoal e grupal, são a metáfora das cenas ocultas individuais e grupais. Tudo isso finalizado por meio do movimento, da comunicação oral, da música de fundo, das luzes que utilizamos normalmente e que, em seu conjunto, despertam as experiências comunicativas por meio de canais sensoriais diferentes. Tudo é hoje, em nossa cultura das "modernas terapias", uma repetição de rituais, sempre efetivos de saúde e crescimento. Cox[31] focaliza as mesmas idéias a partir do estudo dos carnavais e outras festas ritualísticas da mesma natureza: "O ritual oferece um conjunto de conexões por meio das quais a emoção pode ser expressa em lugar de ser reprimida"; "para expressar nossos mais profundos sentimentos necessitamos de um ritual"[32]; porém, não só surge o fator emocional como o novo, o criado no aqui-agora, pois "O homem mantém-se em contato com as fontes da criatividade mediante o movimento ritualístico, do gesto, da canção e da dança".

O jogo que se representa no que chamamos de jogos e exercícios e, especialmente, os primeiros, nascem e retornam da fantasia. A fantasia é entendida como o grau superior da imaginação, imaginação enquanto inventa ou produz, isto é, a imaginação criadora e, também, por que não, no modo que Covarrubias[33] qualifica o fantasiador, como "um pouco louco", esse "louco sadio" como gosta de falar ao povo, e que se aproxima também da fantasia que, segundo Cox[34] "é o estado de vigília mais próximo do mundo dos sonhos". Aqui encontramos nos jogos um paralelismo com os sonhos, como os concebe Jung e nós mesmos[35], em sua função de portadores de mensagens criadoras de diferentes possibilidades de caminhos na vida.

---

30. Leach, *op. cit.*, p. 57.
31. Cox, *La fiesta de locos*. Madri, Taurus, 1986.
32. Cox, *op. cit.*, p. 89.
33. Covarrubias, *op. cit.*, p. 584.
34. Cox, *op. cit.*, p. 79.
35. Población, *op. cit.*, 1991, pp. 93-112.

Dando a oportunidade de entrar e viver no mundo da fantasia, abrimos a possibilidade de incidir na matriz da brecha da fantasia/realidade[36]. A fantasia abre as portas a infinitas opções de ser, infinitos papéis, até aos mais distantes do comum e do cotidiano.

O espaço fértil do jogo utiliza a fantasia de modo voluntário, isto é, *de sua sponte* ou da própria vontade e, inclusive, com certo finalismo ou teleologismo. Visto que existem alguns propósitos preconcebidos como meta esperada da evolução do "organismo" ou sistema em terapia, os propósitos mais destacados são:

a. Ajudar a encontrar certos limites mais claros entre a fantasia e a realidade, de maneira que se possa mover em ambos os mundos sem entrar num estado de confusão.
b. Poder possuir e manobrar a fantasia como fonte de criação de projetos, de ilusões atuais que podem ser exploradas ou concretizadas em realidades futuras.
c. Encontrar os limites e as liberdades do corpo fantasiado num processo de encontro e fusão com o corpo real.
d. Ampliar o eu operativo tanto pela recuperação de papéis potenciais que permaneciam escondidos, como na criação de novos papéis.

Resumindo, nos jogos e exercícios explora-se de modo ativo e voluntário a possibilidade de abertura de novos meios de vir a ser, jogando com a fantasia.

Entre os jogos e exercícios, existem alguns aspectos comuns e outros diferenciados. Entre os que se *compartilham* em todos os níveis, estão os pontos que já desenvolvemos no item anterior, mas também em ambos os casos se exploram e mobilizam os meios vinculares de cada membro do grupo, dos subgrupos e da cena ou rede sociométrica grupal completa, e isto tanto em nível télico como transferencial. Também nos dois casos podemos mobilizar dois ou mais membros, ou o grupo todo.

São as *diferenças* nos jogos que nos chamam a atenção para as formas de expressão simbólica; aproximam-se do campo mais próprio do psicodrama. Costumamos permitir o uso da palavra. Nos exercícios, movimentamo-nos de preferência nas técnicas de expressão e de encontro corporal, buscando a exploração e a revelação dos sentimentos, atrações e rejeições que são provocados a partir da relação "real", interpessoal, intragrupal, e não de papéis assumidos pelos outros. Corresponde mais à área daquilo que Moreno denominou de psicoterapia de grupo. Freqüentemente, sugerimos evitar a comunicação verbal.

---

36. Moreno, *op. cit.*, 1972.

Já podemos tentar dar algumas definições ou, pelo menos, descrições dos jogos e exercícios que nos permitam conceitualizá-los como técnicas que apresentam características diferenciadoras e definidoras, embora em certos casos algumas delas apresentem aspectos de uns e de outros.

JOGOS

Podemos concebê-los como "situações simbólicas propostas para todo o grupo, embora nem todos os membros participem e não estejam centralizados em um protagonista (indivíduo)"[37]. Podem ser utilizados em grupos naturais e artificiais e, muito raramente, em terapia individual.

Como estamos partindo de papéis simbólicos, a aproximação à zona oculta é mais indireta, o que permite abordar mais sutilmente as situações negadas, deslocadas, não graduadas ou, de qualquer forma, "escondidas" dos níveis conscientes, em função de sua temida carga emocional. O modo festivo permite *des*-dramatizar a situação, flexibilizá-la e, aos poucos, tomar um primeiro contato com o que está se agitando "lá embaixo", ainda que seja apenas o suficiente para considerar que aquilo merece maior atenção, aprofundamento e elaboração.

Voltamos a utilizar o termo festivo e queremos tecer algumas considerações a respeito dele. Embora a palavra festivo possa nos remeter a celebrações báquicas, ou seja, tenha uma conotação mais dionisíaca do que apolínea, não significa que nos movimentamos sempre no espaço da alegria, do riso e do prazer, já que também se admite o encontro com a dor e a morte, isto é, com o potencial trágico[38].

EXERCÍCIOS

Procuram envolver os membros do grupo numa exploração e possível manifestação dos sentimentos em relação aos outros, desde o encontro corporal, do contato ao afastamento. E em relação aos outros percebidos dessa maneira, não a partir da adoção dos papéis imaginários, embora seja inevitável que as transferências e projeções se cruzem nos sentimentos que provocam. Fazem uso do olhar, da proxemia, da topologia e da interação corporal. É importante assinalar que tanto se busca observar como ser observado, e que cada um deve sentir-se livre para aceitá-los ou negar-se a fazê-los, tentando tomar consciência das

---

37. Población, *op. cit.*, 1980, p. 167.
38. Cox, *op. cit.*, p. 41.

motivações que o levam a aproximar-se do outro ou a repudiá-lo. Geralmente sugerimos que sejam praticados em silêncio.

OITO PASSOS NA APLICAÇÃO DE UMA TÉCNICA

No decorrer de uma sessão terapêutica de psicodrama ou de outro modelo terapêutico no qual utilizamos a representação, supõe-se que em um dado momento interferimos com uma técnica ativa (embora no psicodrama aceitemos também "sessões verbais", quer dizer, sem o uso das técnicas).

Como decidir sobre o uso ou não de uma técnica, a escolha por uma ou outra, o momento, o modo e tantos outros pontos práticos?

Quando éramos alunos da auto-escola, tínhamos de aprender a localização, funcionamento dos pedais e a posição das marchas. No começo, precisávamos recordar: "Verificar o ponto morto, soltar o freio de mão, virar a chave no contato, pisar na embreagem, colocar a primeira marcha, ir pressionando o acelerador, enquanto, devagar, retira-se o pé da embreagem...". Lembram-se? Com o tempo, e com a prática, toda essa angustiante cadeia de atos foi se automatizando. Conseguíamos ser espontâneos em situações inesperadas e ter uma visão maior do conjunto.

Algo parecido acontece na condução de uma sessão de técnicas ativas. Aprende-se a usar uma corrente composta de uma série de elos, que com a prática se automatiza e permanece como a base do "saber fazer", permitindo-nos uma abertura perceptiva, emocional e elaborada, mais ampla e eficaz.

Esses elos ou passos são os seguintes:

PERCEPÇÃO, ELABORAÇÃO E AVALIAÇÃO DO MOMENTO NO QUAL SE ENCONTRA O PROCESSO DO SISTEMA EM TRATAMENTO

Suponhamos que o terapeuta siga o fio do processo e, a cada momento, a partir de sua percepção subjetiva, desenvolva uma hipótese funcional ou percepção subjetiva, com a qual tenta interpretar o que ocorre no sistema. Esta seria a opção A, mas freqüentemente o terapeuta está mergulhado na opção B: está perdido, com a sensação de que não compreende o que está acontecendo. Não nos iludamos, isto não acontece só com os novatos. Devo insistir que, nesse caso, é preferível deixar que o grupo prossiga, debatendo-se em sua própria luta por encontrar novos caminhos e respostas.

A compreensão que o terapeuta está buscando sobre o que está ocorrendo não deve centralizar-se somente no protagonista do grupo ou no P.I.[39] de uma família, mas sim abranger todos e cada um dos elementos do sistema, incluindo o próprio terapeuta e o sistema como um todo.

Uma avaliação, e a hipótese conseqüente sobre o momento processual, será o ponto de partida ou primeiro passo da cadeia a ser seguido na aplicação de uma técnica, no processo do jogo dramático.

TOMADA DE DECISÃO SOBRE A INCONVENIÊNCIA OU NÃO DE INTRODUZIR UMA TÉCNICA ATIVA NO DISCURSO VERBAL, NAQUELE MOMENTO DO DRAMA TERAPÊUTICO

É preciso levar em conta que sempre existe uma expectativa diante da intervenção que será vivida por todos e cada um, a começar pelas diferentes interpretações, seja como exigência ou como ajuda, seja como uma ocasião para evitar aquilo que causa medo, dor etc.

Também devemos levar em conta que uma intervenção prematura pode interromper a fluência natural da história que está acontecendo, prejudicar sua compreensão e afetar sua clareza.

ESCOLHA DE UMA TÉCNICA CONCRETA

O terapeuta avaliou o momento do processo e tomou a decisão de que é oportuno interferir com uma ferramenta técnica. Vêm-lhe à mente várias perguntas com relação à escolha de uma técnica concreta entre tantas que estão à sua disposição. Trata-se de um elemento tático que influirá na estratégia geral do tratamento e, portanto, é necessário selecionar o mais adequado. Pode aproximar-se desse objetivo se se indaga:

A. Que pretende obter?
B. Como espera que esta ou aquela técnica atue?
C. Interessa que a técnica seja dirigida ao sistema como um todo, a uma parte, um elemento ou subsistema?
D. Finalmente, tendo em vista as indagações anteriores: Que técnica escolher?
   a. A finalidade da intervenção técnica pode ser muito variada:
     1. Uma exploração mais demorada da latência do sistema ou de apenas uma parcela dele.
     2. Demonstrar ou mostrar, tornando evidente algo que o terapeuta já tenha percebido.
     3. Provocar um impacto.
     4. Facilitar um encontro emocional.

---

39. P.I.: Paciente Identificado: é o membro emergente da disfunção familiar, na terapia familiar sistêmica.

5. Ajudar a compreender algo do que está acontecendo.
   6. Tranqüilizar, apoiar ou reforçar.
   7. Conseguir uma catarse e outras coisas mais.
b. De cada técnica, costuma-se esperar um meio de atuação heurística, mas na prática não podemos garantir os resultados, pois existem numerosas variáveis que tornam aleatórios os acontecimentos. São fatores de risco que devem ser levados em conta e dependem tanto do próprio terapeuta como do receptor; neles podemos incluir desde o tom da voz e nuanças emocionais da linguagem utilizada, e outros por parte do paciente como estado de receptividade emocional, capacidade de compreensão cognitiva, relacionamento com o terapeuta, atenção e muitos outros mais por parte do receptor ou receptadores.
c. A intervenção técnica pode estar dirigida ao sistema todo, como um conto grupal ou uma escultura familiar, ou a uma parte, como uma troca de papéis entre os membros de qualquer desses grupos. Embora se saiba que a intervenção se estende sempre a todos os presentes, isto não impede que a decisão entre uma modalidade e outra possa ter uma incidência significativa sobre o resultado. Partir do todo ou chegar a ele, começando pelas partes, e saber qual das partes deverá ser objeto de questionamento do terapeuta.
d. Depois de observar e se deter na reflexão de *a*, *b* e *c*, sabendo o que espera conseguir, qual das partes do sistema ou do todo ele vai mobilizar e como atuam as técnicas supostamente utilizáveis, o terapeuta irá confrontar-se talvez com um amplo arsenal, na hora de escolher uma arma terapêutica. Não existem regras, dizemos aos nossos alunos, ou talvez exista sim uma regra, não necessariamente a mais simples, mas a que estamos habituados a seguir. O uso de técnicas complicadas costuma responder mais ao desejo do experimentador ou, ainda, fazê-lo sobressair-se. "Vejam como sou habilidoso", e sua dificuldade e sofisticação não costumam compensar, tendo em vista a sua utilidade.

MODO E ESTILO DE CONCRETIZAR A PROPOSTA TÉCNICA

O terapeuta já decidiu utilizar determinada técnica. Pode propô-la de diversos modos que irão influir significativamente no resultado terapêutico. Os mais comuns são:

   a. De surpresa. Não se trata de assustar o protagonista, indivíduo ou grupo, mas de intervir sem aviso prévio, visto que, sem a expectativa, não haverá tempo para que se preparem ou se defendam,

incidindo de modo mais direto. É o caso de alguns espelhos, da interpolação de resistências[40] ou da intervenção do terapeuta no sistema.
b. Advertindo, preparando e inclusive aquecendo o sistema, como é o caso de uma escultura, dramatização e outras.
c. Advertindo, mas mediando um pedido de permissão para levá-la avante, como costumamos sugerir nas dublagens.
d. Solicitando a colaboração dos sujeitos da terapia como co-criadores da técnica, como quando se cria um novo jogo ou exercício, em função do momento do sistema.
e. Impondo-a, com a finalidade de criar um movimento de rebeldia, como em certos exercícios individuais, em que se exige que um sujeito inibido dê socos numa almofada, levando-o a uma reação hostil contra o terapeuta.
f. Explicando que se nega a sugerir qualquer técnica. Converte-se numa reação paradoxal à também paradoxal atitude do protagonista contradependente, que "exige" uma posição ativa do terapeuta para logo depois rejeitá-la.

Diante de qualquer proposta de intervenção com uma técnica, pode haver três respostas: aceitação, rejeição e indefinição, que às vezes é a manifestação de uma rejeição não claramente revelada. Também pode haver uma solicitação para maiores esclarecimentos sobre a proposta.

Se obtivermos uma aceitação, raramente unânime, nesse caso preferiremos, antes de prosseguir, solicitar a opinião dos membros silenciosos e dos que divergiram de nós. Se se trata de um exercício que exige a colaboração de todos, é melhor esclarecer antes este ponto e, se ainda houver abstenções, não insistir em sua aplicação ou condicioná-la a posteriores adesões daqueles, mesmo sendo eles participantes observadores.

Uma rejeição em massa pode ser a resposta a um planejamento inadequado ou inoportuno, e um meio adequado pode ser comentar com o grupo o que ocorreu.

Os membros do grupo podem condicionar a aceitação ou rejeição da proposta a um esclarecimento que lhes permita saber melhor "onde vão se meter", seja por medo do desconhecido, desconfiança do monitor, seja simplesmente por uma expressão sadia de seu direito de escolher livremente, baseado no conhecimento daquilo que lhes está sendo oferecido. Costumamos aceitar o pedido de elucidação e dar prosseguimento a ela.

---

40. Técnica psicodramática que implica uma intervenção do ego-auxiliar inesperado, pelo protagonista (resistência extrapsíquica de Moreno), que obriga o protagonista a pôr à prova sua capacidade de adaptação.

O MOMENTO DE EXPLICAR OU DAR AS INFORMAÇÕES OU INSTRUÇÕES SOBRE A TÉCNICA

Procuramos que sejam: *claras, precisas* e *compreensíveis*. A clareza e a compreensão são conseguidas com uma linguagem direta, coloquial e adequada ao nível sociocultural do protagonista, sem receio de utilizar termos "pouco cultos"; é mais importante entrar em sintonia com o sujeito do que fazer uma demonstração de oratória. E definir com exatidão, evitando rodeios inúteis, divagações confusas e ambigüidades que levem à dispersão. O terapeuta deve ser preciso também ao dirigir-se explicitamente aos que deseja que sejam seus receptores; e, finalmente, deve tentar acertar o momento oportuno, a situação em que o sujeito está receptivo e aberto para ouvir a mensagem.

DESENVOLVIMENTO INSTRUMENTAL DA TÉCNICA

Este passo pode sobrepor-se ao anterior, já que a instrução sobre a proposta técnica exige em certas ocasiões alguns passos sucessivos no desenvolvimento de sua aplicação. A primeira questão é saber se o protagonista está suficientemente aquecido ou se, ao contrário, convém aprofundar o aquecimento. A segunda é respeitar o *tempo* do protagonista, seu ritmo pessoal que não deve ser acelerado nem diminuído de acordo com o *tempo* do terapeuta. A terceira questão é a intercalação de outras técnicas enquanto se utiliza a básica; sabemos que é comum parar para introduzir um espelho, dublagem, solilóquio e outras técnicas elementares; e em quarto lugar a possibilidade de encadeamento de várias propostas, como a dramatização individual de um sujeito, que surge como emergente no transcurso de um jogo grupal ou *role-playing* pedagógico, como meio restaurador depois de uma dramatização que questionou e fez oscilar a estrutura do sistema.

O TERAPEUTA NO DECORRER DO JOGO DRAMÁTICO

O terapeuta é observador, às vezes participante e sempre diretor co-responsável pelo que ocorre no espaço cênico. Por isso, ele deve:

- Procurar tomar consciência dos papéis que cada participante desempenha.
- Avaliar os componentes tele e transferência na atuação de cada participante.
- Procurar promover a complementação do eu que está operando, intervindo, se necessário, na maneira de interpretar o papel.
- Perceber a rede sociométrica profunda e a cena latente.

- Participar ou não, sempre em virtude da introdução de um elemento que passa a atuar no jogo.
- Não temer nem reprimir as rejeições e agressões (sempre dentro dos limites do *acting* terapêutico e não do *acting* patológico), já que não são sentimentos ou atitudes "negativos"[41].
- Nessa mesma linha, não deve esperar nem promover um *happy end*, típico dos filmes cinematográficos.
- Utilizar luz, som e outras formas intermediárias para manter um *warming up* durante todo o processo.

COMENTÁRIOS

Com relação a este último ponto, convém relembrar o que foi dito sobre o comentário ou eco grupal, no Capítulo 2, quando tratamos das três fases da sessão. Insistimos em que convém promover e apoiar as intervenções emocionais que expressam compreensão, identificação e outros fenômenos similares, e desestimular, até mesmo rejeitar, os comentários racionais, analíticos ou interpretativos que, além de mostrar-se pouco eficazes para o que se busca no eco grupal, escondem com freqüência uma agressão encoberta ao receptor e uma clara defesa do emissor desse tipo de mensagem.

Como ilustração dessa metodologia, transcrevemos um caso de nossa experiência.

Refere-se a um grupo terapêutico. Enquanto estão na sala de espera, podemos ouvi-los conversar sobre as últimas nevadas e sobre as notícias transmitidas pelos meios de comunicação a respeito das pessoas que ficaram isoladas pela neve.

No curto trajeto até o salão de grupos, alguém comenta sobre o frio que está fazendo no consultório. Entretanto, para nós, a temperatura parece bastante agradável.

Uma vez acomodados, surgem diversos comentários: uma pessoa refere-se à atitude violenta de um conhecido, outra ainda fala das nevadas e uma terceira pergunta sobre os participantes que ainda não chegaram e "estão faltando". Essa pergunta não é respondida.

Depois dessas breves falas, o grupo permanece em silêncio.

É a primeira sessão após a interrupção das festas natalinas. Dos três membros que faltam, dois haviam avisado antes dos feriados que não estariam presentes nessa sessão, e o terceiro avisou algumas horas antes que não viria, porque as estradas estavam interditadas por causa da neve.

---

41. É comum ouvirmos chamar de "positivos" os sentimentos de afeto, ternura, carinho, e de "negativos" os de rejeição, hostilidade, ira etc., como se pudéssemos descartar estes últimos do mundo da relação e criar um espaço fictício de "felicidade".

O silêncio persiste, e surge uma situação de imobilidade e ausência de comunicação verbal. As pessoas permanecem em silêncio, com as pernas e os braços cruzados, seus olhares não se encontram, alguém sorri ligeiramente, outros mostram expressões tensas. Parecem absorvidos nos próprios pensamentos.

A *análise profunda* que fazemos da situação, observando os dados mais relevantes verbais e não-verbais, ou actograma de Moreno[42], é que depois do intervalo das festas o grupo voltou à etapa de fundamentação[43]. O isolamento dos membros seria a expressão de seus sentimentos ambivalentes entre o desejo de serem protegidos e seu medo de uma intervenção "violenta".

Ponderamos sobre a *decisão* de propor um exercício, avaliando duas opções: a primeira seria deixar que o silêncio se prolongasse, diante do qual temos duas expectativas:

a. Que a ansiedade crescente conduza à ruptura do silêncio e à manifestação dos sentimentos.
b. Que essa ansiedade não possa ser metabolizada e verbalizada em seus conteúdos e se desloque para outros temas, o que consideramos possível em função do nosso conhecimento histórico dos meios de comunicação que este grupo costuma utilizar. A segunda opção é propor um jogo que possibilite a tomada de contato com os conteúdos latentes, mas com o risco de criar uma posição sociométrica de apoio no terapeuta, que poderia reprimir a iniciativa e a força criativa do grupo.

Achamos melhor fazer uma proposta que ajudasse o grupo a tomar consciência do que estava ocorrendo.

No caso da *escolha* de um exercício, preferimos criar um novo, adaptado ao discurso verbal e corporal do grupo. Interiormente, nós o idealizamos como "populações isoladas pela neve".

Rompemos o silêncio para dizer: "Quero propor ao grupo um jogo", o que foi recebido com um consentimento pouco entusiasmado.

Passamos a dar as *instruções* ou ordens: "Imaginem que estamos num espaço geográfico; pode ser um estado coberto por uma grande nevada, e cada um de vocês pode ser um povo isolado...". Neste momento dois sujeitos interrompem, mostrando-se claramente interessados, para perguntar se em vez de povo podem ser pessoas isoladas pela neve. Concordamos e corrigimos as instruções: "... cada um pode ser uma pessoa

---

42. Moreno, *op. cit.*, 1966.
43. Já descrevemos as fases do grupo em nossos "Apuntes de Psicodrama" para os alunos, e as reproduzimos no Capítulo 4 desta obra.

isolada pela neve, num pequeno abrigo ou numa cabana". Depois de um momento de reflexão, continuamos: "As necessidades básicas de calor e de alimentos estão supridas, mas não se sabe quanto tempo esta situação criada pela nevada irá demorar". Esse comentário é discutível, pois com ele deixamos simbolicamente estabelecido que o grupo nutre as necessidades de apoio e afeto. Entretanto, achamos que o momento deles necessitava desta mensagem, para que se sentissem capazes de seguir em frente.

Terminamos as instruções adicionando: "Cada qual pode escolher a localização de sua cabana no espaço deste estado", e mostramos o espaço cênico.

A partir daí inicia-se o *desenvolvimento* do jogo. Metade dos membros do grupo procura situar-se em outro lugar enquanto a outra permanece em seus assentos. Quando essa movimentação termina, completamos as instruções: "Agora que cada um está em sua cabana, sugiro que 'penetrem na situação', entrando em contato com a sensação de estar sozinho em sua cabana, no meio da neve, longe de qualquer ser humano. Quais os pensamentos e sentimentos que surgem. O que esperam que aconteça ...". Depois de algum tempo de aquecimento, sugerimos que cada um comece a se expressar por meio de um solilóquio.

O grupo permanece alguns minutos em silêncio, no fim dos quais todos, inclusive os membros habitualmente silenciosos, começam seus monólogos com grande carga emocional sobre a vivência do isolamento, o desejo de contar com outras pessoas, seu medo de enfrentar o frio e o perigo da neve, a ansiedade de serem resgatados etc. Em vários casos, fazem associações espontâneas com o que estavam vivendo no grupo, no início da sessão.

Quando o último dos componentes do grupo termina de falar, estabelece-se voluntariamente um intercâmbio grupal muito animado. Comentam que se sentiam perdidos e solitários ao se reencontrarem depois de um período de férias, agravado pela ausência de um dos membros que havia assumido um papel de líder nas últimas sessões que, embora agressivo e crítico, era também colaborador e mobilizador do grupo. A posição de cada um com respeito a esse líder e aos monitores era ambivalente entre a submissão, o temor e a rejeição. A falta de comunicações paralelas por estarem centrados nos líderes. O desejo de mobilizar os próprios recursos. A analogia com situações na vida de cada um deles.

Pudemos compartilhar interiormente tanto o isolamento como a força das expectativas e os temores que pulsavam no grupo.

Com este exemplo, delimitamos bem os passos na aplicação da técnica. Aqui a técnica proposta é um jogo e desenvolve-se, portanto, no plano simbólico. Nós o utilizamos para evidenciar a cena latente e, simultaneamente, ajudar a compartilhar os receios, as ansiedades e as expectativas individuais, mobilizar o relacionamento e a nova vinculação entre os membros, pondo em jogo as energias do grupo, evitando a centralização das ordens no terapeuta e procurando a recriação de uma "boa matriz" de crescimento, enquanto espaço de confiança.

4
CLASSIFICAÇÃO DOS JOGOS E EXERCÍCIOS

ALGUMAS CLASSIFICAÇÕES DE OUTROS AUTORES

O que nossos alunos nos solicitam com muita freqüência é que lhes facilitemos algumas regras ou certas indicações de quando, como e em que casos aplicar cada jogo[1]. Quero dizer que assinalaremos certos aspectos, a função que cada um deles cumpre, que utilidade tem em cada caso e assim por diante. Responder a essa solicitação coloca-nos numa posição ambígua, já que temos insistido em que devem predominar a espontaneidade e a criatividade, escolhendo-se, adequando-se e, inclusive, criando-se o jogo em relação ao momento certo que se está vivendo na terapia e naquele processo terapêutico concreto. Mas é igualmente verdadeiro que alguns jogos parecem mais úteis e até vantajosos para ajudar em certas circunstâncias da terapia. Isso nos leva a aceitar o desafio de uma classificação ou de um ordenamento dentro de algumas coordenadas funcionais.

Na literatura que consultamos, encontramos algumas dessas classificações relacionadas a diversos parâmetros.

Do trabalho de Fortumeé J. Zagha[2] extraímos várias classificações dos jogos dramáticos:

Regina Monteiro[3] faz a seguinte divisão:

1. Jogos de pesquisa do ritmo.
2. Jogos de pesquisa do espaço.

---

[1]. Aqui usarei a palavra "jogo" para referir-me tanto a jogos como a exercícios.
[2]. Zagha Kapulshi, F. J. *O alcance psicoterapêutico do jogo dramático com adolescentes, fundamentado nas diferentes fases da matriz de identidade e no núcleo do eu.* Out. de 1990. Recebemos uma cópia da autora. Desconhecemos se foi publicado.
[3]. Monteiro, R. F. *Jogos dramáticos.* São Paulo, Ágora, 1994.

3. Jogos de aquecimento para facilitar o aparecimento do protagonista.
4. Jogos para pesquisar e trabalhar a dinâmica do grupo e fortalecer o estreitamento de laços entre os elementos do grupo.
5. Jogos para favorecer o aparecimento ou o manejo de situações agressivas.
6. Jogos de relaxamento.
7. Jogos de sensibilização.
8. Jogos de fantasia e imaginação.

Denise Dimi elabora uma lista mais curta:

1. Jogos facilitadores do vínculo.
2. Jogos relacionados com as tensões grupais.
3. Jogos para romper a resistência.
4. Jogos de vivência antagonista.

A autora, por sua vez, traz sua própria classificação:

1. Jogos de reestruturação do núcleo do eu.
2. Jogos de rematrização da matriz de identidade entre os quais inclui o duplo, o espelho, o solilóquio, quadrados, triângulos, círculos e inversão de papéis.

Exceto neste último bloco, em nenhuma dessas classificações constam os jogos que estão incluídos em cada item.

Gili e O'Donnell[4] adotam a mesma posição que a nossa, considerando uma "arbitrariedade" dar uma classificação dos jogos, já que "o jogo ideal é aquele que surge da situação imaginária do grupo". O que nos oferecem é o seguinte:

1. Jogos psicodramáticos.
2. Jogos corporais.
3. Jogos com predomínio verbal.
4. Jogos com utilização de objetos,

incluindo quatro ou cinco jogos concretos e descritivos em cada subdivisão.

Moccio[5] fala de "meios expressivos corporais", "meios expressivos plásticos", "meios expressivos dramáticos" (como os fantoches) e

---

4. Gili, E. e O'Donnell, F. *El juego*. Barcelona, Granica, 1978.
5. Moccio, F. *El taller de terapias expresivas*. Barcelona, Paidós, 1980.

"meios expressivos literários" como meios a serem usados numa "oficina" que concebe como um lugar onde se ensinam e se praticam técnicas"; portanto, volta-se mais a um nível didático e não tanto a situações de um processo terapêutico. O mesmo autor, junto com H. Martínez[6], faz uma análise dos jogos dramáticos e aborda alguns deles.

Schutz[7], referindo-se aos seus grupos de encontro, aborda uma série de técnicas e jogos com uma clara descrição de sua aplicação, e, ainda que não utilize nenhuma classificação para isso, achamos sua leitura aconselhável.

Se ampliássemos esta revisão, desde já incompleta, aos grupos verbais, com seus jogos dentro dos limites da palavra e do uso do lápis e do papel, a lista seria muito mais extensa. Mas consideramos que os autores e as obras citadas já são suficientemente orientadores e representativos de diversas correntes e posições.

Mesmo assim, citamos duas obras, em uma delas a de Fritzen[8]; embora descrevam acima de tudo exercícios verbais, também incluem alguns mais ativos, e por isso mais próximos do psicodrama. No total desenvolvem setenta exercícios, com seus objetivos, participantes, tempo, material, lugar e processo. Não fornecem guia nem classificação para seu uso.

Focalizando mais os limites verbais, embora com um amplo espaço dedicado ao *role-playing*, a obra de Albert e Simon[9] também apresenta numerosos exercícios descritos detalhadamente.

Preferimos sugerir a utilização vantajosa de alguns jogos em relação ao *momento evolutivo* do sistema em tratamento. Para isso, recorremos à nossa própria descrição das fases e subfases dos grupos, que podemos extrapolar em grande parte para outros espaços terapêuticos, como os grupos naturais (casais e famílias). Em nossos apontamentos de psicodrama, para uso dos alunos[10], publicamos uma revisão sobre o tema das fases ou etapas dos grupos, que reproduzimos aqui com algumas correções, o que nos permite mostrar nosso modelo, no qual vamos nos apoiar para a classificação do momento da aplicação dos jogos.

Os sistemas em tratamento podem ser observados a partir de uma perspectiva sincrônica e outra diacrônica. Esta nos permite compreender o desenvolvimento processual que se segue ao longo da vida do sistema,

---

6. Moccio, F. e Martínez, H. *Psicoterapia grupal, dramatizaciones y juegos.* Buenos Aires, Búsqueda, 1987.
7. Schutz, W. *Todos somos uno.* Buenos Aires, Amorrortu, 1971.
8. Fritzen, S. J. *70 ejercicios prácticos de dinámica de grupo.* Santander, Sal Terre, 1988.
9. Albert, L. e Simon, P. *Las relaciones interpersonales. Manual del animador.* Barcelona, Herder, 1979.
10. Edição em fotocópia de 1990-91. Pode-se consultar também a obra de Espina Barrio, J. A. *Psicodrama. Nacimiento y desarrollo.* Salamanca, Amarú, 1995.

e com a visão sincrônica fazemos um corte transversal para observar tudo o que está ocorrendo simultaneamente no aqui e agora do mesmo sistema. São perspectivas complementares e inseparáveis numa óptica de conjunto.

Aqui preferimos abordar a visão diacrônica. Podemos estudar a evolução ao longo do tempo: 1) do indivíduo que participa no psicodrama, 2) da sessão, 3) do grupo como um todo.

Neste capítulo vamos focalizar de preferência o grupo.

Deste modo, nos centralizamos na evolução do grupo, que tem sido a menos estudada nos tratados de grupo, embora, como veremos em seguida, contenha um amplo leque de perguntas e respostas interessantes. Esta foi estudada sob a denominação de etapas ou fases dos grupos.

AS FASES DA EVOLUÇÃO GRUPAL

É óbvio que o interesse em determinar as fases do grupo baseia-se no desejo de uma compreensão mais profunda daquilo que poderíamos chamar de psicologia evolutiva grupal, se focalizarmos nosso interesse no grupo como processo e, por outro lado, se nos preocuparmos com o corte transversal, também chegaremos à compreensão mais completa de todos os fatores integrantes da estrutura em cada momento grupal. Em contrapartida, tudo isso nos facilita chegar a uma utilização mais adequada em cada momento do processo terapêutico dos meios técnicos por parte do monitor ou terapeuta.

ANTECEDENTES

O impulso por estudar as etapas que o grupo atravessa surgiu a partir dos diferentes marcos conceituais. No campo psicanalítico encontramos os estudos de Bach[11] e Bion[12]; no campo da dinâmica de grupo, de Benis e Fink, e nos grupos de encontro, Schutz[13]. Excetuando-se Bion, todos encontram uma sucessão determinada de etapas ou momentos grupais que se sucedem na história de cada grupo; Bion, em sua hipótese dos supostos básicos, não considera algumas etapas sucessivas como os outros autores, mas sim a alternância da cada um dos três supostos básicos ou modos profundos de fantasias grupais nos diferentes momentos do processo; porém, insisto, sem aquele encadeamento no tempo. Inclu-

---

11. Bach, G. R. *Psicoterapia intensiva de grupo*. Buenos Aires, Paidós, 1958.
12. Bion, W. R. *Experiencia en grupos*. Barcelona, Paidós, 1985.
13. Schutz, *op. cit.*

sive existem grupos que permanecem sempre sobre um só dos supostos básicos.

Uma importante diferença de critério são as formas de conceituar o grupo, que podem ser tão polarizadas quanto as de Bion[14]: "Uma parte essencial de sua regressão (refere-se a um membro do grupo) consiste na crença de que um grupo existe como algo distinto de um ajuntamento de indivíduos, e que também são partes de sua regressão as características que o indivíduo atribui ao *suposto* grupo"[15]; e insiste, "o grupo é um agregado de indivíduos", em que evidentemente Bion nega ao grupo sua própria existência; e como a de Schutz[16] no outro extremo: "Um grupo qualquer (...) apresenta as mesmas características que um indivíduo. Possui o que numa pessoa chamaríamos de corpo, de si mesmo, de relações interpessoais e dimensão espiritual", e mais adiante chega ao argumento complementar: "Se quisermos levar o paralelo ainda mais longe, é só considerar o indivíduo como se ele fosse um grupo".

Na minha opinião, parece que a primeira posição vem da intenção de Bion de extrapolar sua experiência na análise individual aos fenômenos de grupo. Estou mais de acordo com a segunda posição, em que ao se olhar o grupo como um indivíduo, uma *gestalt*, aproxima-se mais de uma posição do psicodrama e da teoria geral dos sistemas; quer dizer, o grupo como um sistema de sistemas (indivíduos). Considerado como sistema, o grupo tem vida própria, que está além da soma de seus componentes (conceito *gestalt*), com sua própria tendência evolutiva e seus traços de personalidade próprios e diferentes de qualquer outro grupo, por mais parecida que seja sua estrutura, seu objetivo ou outros fatores.

A partir dessas duas ópticas, situadas em pontos extremos, determinamos uma diferença substancial quando o monitor ou o terapeuta enfrenta o grupo. Oscilará entre os extremos de atender às produções daquele "agregado de indivíduos" e, como dizem os puristas: "Um respeito!" pelo grupo como entidade.

Supomos que somente a partir dessa segunda posição podemos falar realmente de etapas evolutivas do grupo, pois acreditamos que só um indivíduo, entidade, sistema ou *gestalt* possui essa característica viva de evoluir segundo pautas que seguem um denominador comum com outros indivíduos ou *gestalten* análogos, enquanto o "agregado de indivíduos" se movimentará de modo inespecífico, imprevisível e em função de seus constituintes, conforme o caso.

---

14. Bion, *op. cit.*
15. Bion, *op. cit.*, p. 115.
16. Schutz aproxima-se de uma "mentalidade" sistêmica, *op. cit.*, p. 7.

A posição de Moreno é conciliadora; às vezes nos diz que o grupo é um *sujeito*; outras, que não passa de uma metáfora e que, na realidade, em última análise, é o produto da interação dos indivíduos. Esta dupla visão permite-lhe reunir a individualidade e a grupalidade: indivíduo e grupo como sistemas cujas identidades podem se delimitar, embora artificialmente, mas dentro de uma íntima relação dialógica, já que também insiste em que o indivíduo nasce do grupo e forma grupos, e os grupos fazem e moldam o indivíduo. Por isso, a psicologia evolutiva do indivíduo depende dos grupos matrizes, nos quais se desenvolve, e os grupos, como sujeitos ou sistemas produtos de uma inter-relação, têm sua origem, formam-se *in status ascendi* a partir da rede de indivíduos que os moldam, e seu desenvolvimento no tempo depende da dinâmica das relações entre eles.

A seguir, transcrevo as idéias de vários autores que se interessaram pelo tema das etapas ou fases[17 e 18].

Creio que mostrá-las em forma de esquema facilita uma rápida visualização da posição que cada uma ocupa.

MODELO LINEAR DO DESENVOLVIMENTO DO GRUPO
(Modificação de Banet, A. G. 1976)

SEQÜÊNCIA GERAL	ESTRUTURA	ATIVIDADE OU TAREFA
FORMAÇÃO	Comprovação e dependência	Orientação para a tarefa
ÁRDUA	Conflitos intergrupais	Reação emocional
NORMATIVA	Desenvolvimento da coesão grupal	Intercâmbio. Aberto a interpretações relevantes
EXECUÇÃO	Relação funcional de papéis	Surgimento de soluções

---

17. Não nos interessa tanto a discussão sobre o termo adequado, fase ou etapa, mas assinalar que a concebemos como fato processual.
18. Alguns desses esquemas (Barnet, Lacoursiere, Espina Barrio) foram tirados da obra de Espina Barrio, *op. cit.*, pp. 118-21.

MODELO DE DESENVOLVIMENTO DO CICLO VITAL
(Lacoursiere, 1980)

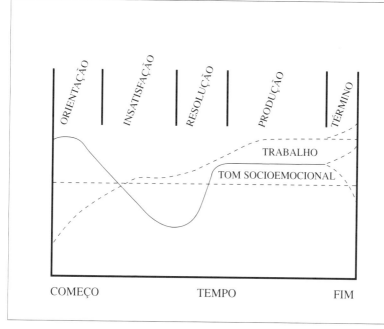

FOULKES (Grupos terapêuticos verbais)
"História natural do grupo"

FASE INICIAL	FASE INTERMEDIÁRIA	FASE TERMINAL
Pensamento mágico sobre o terapeuta	Quase todo o grupo Agora o grupo é um grupo	Futilidade da vida
Afastados, estranhos, diferentes, expostos, vulneráveis	Análise	Inevitabilidade da morte
Perplexidade Quem é quem	Interações Sexualidade, hostilidade	

MODELO DE DESENVOLVIMENTO GRUPAL DA ESPIRAL EVOLUTIVA
(Espina Barrio, 1989)

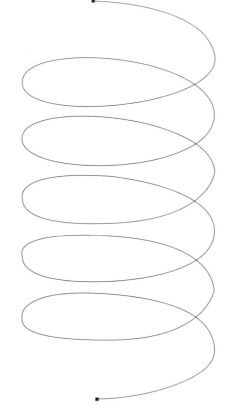

FIM DO GRUPO

ETAPA ADULTA

ETAPA ADOLESCENTE

ETAPA ADULTA

ETAPA INFANTIL

ETAPA ADOLESCENTE

ETAPA INFANTIL
(PREAQUECIMENTO, DRAMA E ECO GRUPAL)

INÍCIO DO GRUPO

FINK "Etapas"			
CAÓTICA (Curta)	TRADICIONAL (Negação da realidade)	EXPERIMENTAL (Volta à realidade)	DE ADAPTAÇÃO E MUDANÇAS
Relações pessoais fragmentadas	Coesão	Enfrentamento	Interdependência
	Ritual	Agressão	Funcional
Comunicação = casual	Alienadas	Mais autêntica	Cooperação funcional
Relação intergrupal: desconexão	Autoritário	Outros grupos podem trazer	Planejamento tarefa a longo prazo
	Planos a curto prazo		
Liderança: dormente		Participativo	
		Planejamento do futuro	
Tarefa = não há			

SCHUTZ (Grupos terapêuticos ativos) "Fases do grupo"		
INCLUSÃO	CONTROLE	AFETO
Quem sou eu?	Poder e controle	Sentimentos positivos
Diferenciação dos outros	Liderança	Hostilidade
Aspectos físicos ... a pele	Competência	Ciúmes
Identidade dentro do grupo	Enfrentamento	Casais
		Sexualidade

BENNIS (Grupo T)

FASE I Dependência Subf. 1: Dependência-fuga
　　　　　　　　　　　　　　Ansiedade para desestruturação
　　　　　　　　　　　　　　Dependência do monitor
　　　　　　　　　　　　　　Temas alheios ao grupo

　　　　　　　　　　　Subf. 2: Contradependência-fuga
　　　　　　　　　　　　　　Contradependência
　　　　　　　　　　　　　　Caos

　　　　　　　　　　　Subf. 3: Resolução-catarse
　　　　　　　　　　　　　　Terapeuta visto como permissivo
　　　　　　　　　　　　　　Independência
　　　　　　　　　　　　　　Liderança

FASE II Interdependência　　　Subf. 4: Ilusão-fuga
　　　　　　　　　　　　　　Equiparação e fuga
　　　　　　　　　　　　　　Solidariedade, camaradagem
　　　　　　　　　　　　　　Humor, atividades divertidas

　　　　　　　　　　　Subf. 5: Desilusão-fuga
　　　　　　　　　　　　　　Luta e fuga
　　　　　　　　　　　　　　Ansiedade, desconfiança
　　　　　　　　　　　　　　Códigos de conduta social
　　　　　　　　　　　　　　Subgrupos competitivos
　　　　　　　　　　　　　　Menosprezo ao grupo

　　　　　　　　　　　Subf. 6: Validação consensual
　　　　　　　　　　　　　　Equiparação, compreensão,
　　　　　　　　　　　　　　Discussão, papéis dos membros
　　　　　　　　　　　　　　Independência, orientação real
　　　　　　　　　　　　　　Realidade

> **BACH** (Grupos terapêuticos verbais)
> "Diferentes fases da vida do grupo"
> "Seqüência ... não ordenada no desenvolvimento do grupo terapêutico"
>
> 7 FASES: 1. Prova da situação inicial
> 2. Dependência do líder
> 3. Regressão familiar
> 4. Companheirismo associativo
> 5. Fantasia e jogo
> 6. Consciência do grupo
> 7. Grupo de trabalho

NOSSA CONSTRUÇÃO DAS FASES GRUPAIS

Em *Psicoterapia de grupo e psicodrama*[19], Moreno aborda o tema da formação e evolução dos grupos. A começar pelo encontro de uma série de indivíduos que até agora eram desconhecidos, forma-se o grupo em *status nascendi*:

> "Os indivíduos que sendo estranhos entre si tornam-se membros do mesmo grupo, desde o momento do seu primeiro encontro, trazem ao terapeuta um novo problema. Veremos agora como se desenvolvem os primeiros contatos e como são paulatinamente conduzidos para a formação de um novo grupo *sub specie momenti*. Assim, podemos estudar as reações recíprocas nas primeiras fases do desenvolvimento do grupo e da ação que se desdobra no decorrer da organização. Mediante a observação do comportamento original de uma pessoa a respeito da outra, podemos seguir passo a passo a configuração dessas relações até a fase final da organização do grupo. Pesquisas sociométricas comprovaram a hipótese da existência de uma "matriz" de grupo originariamente comum. Comprovaram, com efeito, que mesmo as relações imediatas que ocorrem entre estranhos não obedecem a um mero acaso".

À medida que o grupo amadurece — se este for o caso —, observa-se uma diminuição progressiva dos mais puros e árduos fenômenos transferenciais dos membros, com respeito à equipe terapêutica e entre eles, e um transcurso até as fases onde predomina, cada vez mais, "a experiência original do próprio encontro imediato (*hic et nunc*) do "tele-princípio"[20].

---
19. Moreno, *op. cit.*, 1966, pp. 72-8.
20. Moreno, *op. cit.*, 1966, p. 73.

Então, a partir de uma estrutura sociométrica originária e própria de cada grupo, vão se desenvolvendo modificações dependentes da dinâmica processual do grupo que constituem "as fases sucessivas de um grupo sintético"[21].

Minha descrição das fases do grupo surge a partir da observação empírica; depois introduz e reforça os processos descritos por Moreno. Alguns companheiros de equipe estão tentando atualmente comparar minhas conclusões com o material de observação de outros grupos de diferentes contextos: pacientes, estudantes, tempo limitado e outras variáveis.

Fiz uma divisão em quatro fases que é obviamente artificial; poderia também ter descrito sete, sem incluir as subfases. Por outro lado, como mostro mais adiante, as fases sobrepõem-se e não são rigorosamente delimitadas. De qualquer maneira, podemos suprimi-las, *grosso modo*, tal como se faz aqui e podemos dizer que em cada uma das fases domina um "ambiente" grupal característico e diferente do que oscila nas demais.

Na denominação, procurei utilizar termos coloquiais que se referem diretamente àquele "ambientes"; portanto, *caótica*, porque destaca o caos (confusão, desordem) naquele conjunto humano; *fundamentação*, porque nela estão constituídos os fundamentos do grupo; *familiar*, porque faz sobressair o interesse pelas relações familiares e, finalmente, o *institucional*, porquanto o grupo é constituído por um ente microssocial com todas as características de uma instituição, entendida como uma estruturação de relações e com alguns metaobjetivos presentes ou em potencial.

Na descrição de cada fase ou subfase, procuro transmitir vários aspectos ou facetas observáveis: comunicação gestual ou motora de modo geral; tipo de intervenções verbais, estado de espírito, atitude diante do terapeuta, significado dos silêncios e das referências à morte, atitudes comuns, modo de relacionar-se entre os membros, cenas e, genericamente, qualquer aspecto que pareça significativo.

Em última análise, a descrição das fases está em função das cenas manifestas (discurso do grupo) e latentes (latência do grupo) e da dialética entre ambas. O momento, e em sentido mais amplo a fase do grupo, está determinado por essa dialética como visão sincrônica e pela sucessão dinâmica que nasce da união coerente de tais momentos ou fases, expressa nas cenas correspondentes que a visão diacrônica constitui.

A cena latente em cada momento está presente no grupo como um todo (incluindo o terapeuta) e no inconsciente de cada membro (naturalmente que em seu grau pessoal). Tal cena nasce da inter-relação dos

---

21. Moreno, *op. cit.*, p. 74.

componentes ou membros específicos com a intensa tendência do grupo como "unidade viva" a transcorrer pelas *necessárias* etapas evolutivas. Desta forma, as cenas sempre se repetem na mesma ordem e são "as mesmas" (muito parecidas, análogas) em todos os grupos, e assim *transcendem* do grupo concreto; mas também são sempre diferentes, já que expressam a individualidade de cada entidade.

Quero esclarecer que a terminologia utilizada neste estudo foi baseada especialmente em Moreno e em seus conceitos de matriz; de Menegazzo (fase mítica, lógica etc.) e de nós mesmos (cenas *primígenas*, fase diabólica etc.)

Penso que todos nós, que trabalhamos muitas horas com grupos, temos a impressão de que "a história se repete". Que são os mesmos avatares seguindo a mesma seqüência geral; embora variem os graus de duração, intensidade e forma, vemos que há um denominador comum nos mesmos elos de cada corrente evolutiva grupal. Essa observação levou-me a querer estabelecer uma hipótese antecipada — baseada na reflexão sobre os grupos que dirigi — sobre as fases pelas quais os grupos passam.

Nossa ordenação:

Conforme dissemos, não delimitamos as fases e subfases seguintes:

Fase caótica

Fase de fundamentação   Subfase de onipotência
    Subfase de trânsito
    Subfase de dependência

    Subfase de contradependência
Fase familiar   Subfase de independência
    Subfase de encontro com a realidade

Fase de estruturação social

Fase caótica

Estende-se desde o primeiro encontro dos sujeitos constituintes do grupo até o início da formação de uma matriz grupal de identidade:

No caos só existe o tempo cronológico e os espaços materiais e, portanto, trata-se de um não-espaço intemporal que se movimenta na utopia e na ucronia, com referência à latência grupal. O conjunto de pessoas ainda não é um sistema, porém, um aglomerado de elementos.

A relação entre os membros ainda não se estabeleceu, pois embora compartilhem vivências parecidas, ainda não há lugar para uma comunicação significativa, com uma participação vivencial. Cada um se encontra isolado e se sente sozinho, confuso, amedrontado, vazio e desconfiado.

No plano da comunicação verbal destaca-se o silêncio ou as perguntas ao terapeuta, e no âmbito da comunicação não-verbal sobressaem a inquietude, a rigidez e a tensão.

Os participantes concentram-se no monitor, com a expectativa ou não de que ele assuma um papel diretivo e ponha ordem no caos.

Ainda não existe uma cena latente grupal, mas apenas a soma das cenas particulares. Existe um denominador comum, mas não uma superposição em uma cena comum geral.

Compartilhar as vivências pessoais, seja por meio do discurso verbal ou dramático, é uma oportunidade de estabelecer uma primeira cena comum ou partilhada, que leva à formação de um esboço de matriz grupal e ao início da fase de fundamentação.

Fase de fundamentação

Inicia-se no estabelecimento paulatino da primeira matriz grupal e termina quando o grupo concretiza uma matriz familiar. Aqui ficam claras as redes sociométricas que darão seu caráter individual a cada grupo (Moreno[22]), e que chamamos de cena primígena do grupo.

Esta fase corresponde, no grupo, ao espaço e ao tempo da cena primígena e ao processo (e cena) diabólico que descrevemos no processo evolutivo do indivíduo.

a. Subfase de onipotência

Os sujeitos oscilam entre posições de onipotência e a manifestação de medos de impotência, invalidez, vazio e rejeição.

Diante destes últimos medos, o sujeito recorre a condutas "carregadas de poder", de onipotência:

1. Agarra-se a papéis psicodramáticos: "de psicólogo", "de engenheiro".
2. Racionaliza — é a palavra onipotente.
3. Faz o papel de "louco" ou "de incapaz" com o imenso poder da aparente debilidade.
4. Assume um papel autoritário, exigente, destrutivo ou protetor como meio de expressão direta do "poder".

Ou, no extremo oposto, cai em situações de pouca auto-estima e desamparo, expressadas em cenas de dor da separação — perda de entes

---

22. Moreno, *op. cit.*, 1966. p. 72.

queridos por morte ou distanciamento —, ou de traços paranóicos — ser perseguido ou observado.

A todas essas posições exteriores subjazem as cenas interiores nascidas dos quatro componentes que se misturam nesta subfase:

- onipotência *fusional*
- fissuras vinculares na cena primígena
- ansiedade de separação do processo diabólico
- pânico diante dos componentes satânicos[23].

Exercícios de encontro corporal podem levar à criação de um totus grupal afetivo que permite a representação de cenas manifestadas de separação, perseguição e outras.

A elaboração dessas situações facilita a interiorização de cenas primígenas com menos dificuldades vinculares, permite ir estabelecendo um processo diabólico (de separação a partir da unicidade) mais adequado e diminui a carga do papel satânico, tanto interiorizado como projetado no outro.

A partir dessa reestruturação chega-se à próxima subfase.

b. Subfase de trânsito

Pomos em jogo cenas que se dirigem à etapa de uma nova forma de encontro com as imagens dos pais.

Já são vistos "de fora", como "não eu". São figuras míticas, heróis ou semideuses, carregados de poder, que se situam quer fora, diante do sujeito, quer dentro, como modelo aprendido, como papel do eu tangível e, portanto, já uma posição do próprio modelo de relação.

São as primeiras cenas em que podemos reconhecer a presença[24] de quatro personagens: filho de papai, filho de mamãe, "papaizinho pernas compridas" e "mamãe grande". Na cenas dissolvem-se o poder, a dependência, a busca, a ausência... de figuras de poder. A luta pelo poder, neste caso, surge geralmente através de cenas (jogos, exercícios) grupais ou subgrupais.

A curiosidade já se inicia ou se manifesta com clareza, e a partir dela surge uma maior iniciativa e a espontaneidade dos participantes na criação conjunta do drama como jogo terapêutico.

Aparece uma primeira diferenciação entre os papéis sexuais, ou melhor, genitais.

---

23. Em nossa terminologia, a vivência dos aspectos temidos e rejeitados da mãe no processo de distanciamento progressivo (cena diabólica, de diabos = o que separa).
24. Ou ausência-presença.

Gradativamente, vai se passando para a etapa familiar. Na verdade, esta subfase está em posição de destaque e poderia situar-se em qualquer das duas fases, fundamental e familiar.

Fase familiar

É, de longe, a mais ampla na maioria dos grupos e a que ocupa o maior tempo de seu desenvolvimento total.

De modo metafórico, retrocede a cenas da adolescência; quer dizer que predominam as cenas que se conectam com as aquisições durante a matriz familiar.

As relações interpessoais no contexto grupal mostram constantes referências a situações familiares; é clara a projeção dos papéis familiares no grupo. As situações são as que direta ou indiretamente remetem a cenas com pais e irmãos, que emergem em cada sessão, sobretudo cenas de caráter triangular ou edipiano. As situações planejadas podem situar-se em conflitos na área profissional, social ou outra qualquer, mas a latência remete-se ao âmbito familiar.

Ao término dessa fase observa-se com clareza o processo de individualização dos membros (processos de diferenciação e mecanização progressiva do sistema[25]).

O terapeuta vê-se nitidamente revestido pelo grupo de papéis parentais. Descrevemos três subfases:

a. Subfase de dependência ou de "construção dos mitos".
b. Subfase de contradependência ou de "luta contra os deuses".
c. Subfase de independência ou do "nascimento do homem".

Essas três subfases estão em certa relação de proximidade com as que Menegazzo descreve dentro da matriz familiar[26].

a. Subfase de dependência

Nós a denominamos metaforicamente de "construção dos mitos" porque, sobrepondo-se à Fase de trânsito, detém-se *em* e elabora *as* imagens míticas parentais, detentoras de poder e autoridade imensos, objetos de amor, medo e ódio radicais e, finalmente, a partir de tudo isso, modelos supremos de traços característicos estereotipados[27].

---

25. Bertalanffy, L. von. *Teoría general de los sistemas*. Madri, Fondo de Cultura Económica, 1981, pp. 70-71.
26. Menegazzo, *op. cit.*, pp. 82-86.
27. A fixação de cenas nesta etapa, com a interiorização desses modelos, dá lugar a quadros psicopáticos. Veja Menegazzo, *op. cit.*

A partir desses modelos podem aparecer papéis muito destacados e enfáticos, carentes de estrutura axiológica, radicais em suas condutas que repercutem nos caracteres psicopáticos. As cenas giram ao redor desses papéis. Nesse momento, a figura do terapeuta se engrandece, projeta-se e é cegamente tomada como modelo.

Mais tarde, nesta subfase, tornam-se patentes as situações triangulares ou edipianas em relação às possíveis condutas neuróticas.

Também as transferências laterais vão se delimitando, com cenas "pais-irmãos" que compartilham, carecem ou se privam dos favores e. castigos das personagens míticas, com as primeiras situações de ciúmes, inveja e competição afetiva.

A dependência total do líder é especialmente clara nos silêncios, onde parece haver um grito profundo e inaudível: "Conduza-nos você, que sabe como", "Diga-nos o que fazer e tire-nos deste atoleiro!". Esse apelo, contudo, não é dirigido à Divina Mãe que acolhe e/ou destrói, mas sim a Deus Pai, que dirige, ordena e julga.

b. Subfase de contradependência

É a "luta dos homens contra os deuses". Por meio da dramatização de cenas de dependência, e a partir inclusive da frustração das solicitações da fase anterior, vão surgindo no grupo as primeiras críticas às imagens de poder. Primeiro timidamente e, mais tarde, com força crescente, chegando mesmo à violência, aparecem cenas de rebeldia e de afrontamento. A ira, a cólera e seus acompanhantes, o medo e a culpa, brotam com total intensidade.

A culpa aparece como reação e conseqüência da derrocada dos deuses amados e odiados, ansiados e temidos, mas também pode ser a expressão da consciência da infidelidade a si mesmo, ou sua própria natureza é "a culpada por eu não me atrever a ser eu mesmo", como tantas vezes ouvimos dizer.

É claro que o terapeuta é agredido, atacado, criticado, sugado e culpado ... tanto por esperarem que ele assuma o papel do poder, como por negar-se a representá-lo. Suas intervenções, sejam elas propostas psicodramáticas, indicadores, interpretações (naqueles que utilizam este meio), são desclassificadas explicitamente com o peso do silêncio.

Os silêncios querem dizer ao terapeuta: "Afinal, você não é tão sabido? Pode ficar chateado, porque o que nos dá não é grande coisa".

A elaboração das numerosas cenas com chefes, pais e outras figuras de autoridade no plano psicodramático, junto com um trabalho sereno, apaziguador, compreensivo, e não reativo à hostilidade do grupo no plano do drama, permite a passagem progressiva para a mobilização dos próprios recursos a uma crescente independência.

c. Subfase de independência

Nesta fase, vemos como se estabelecem posturas maduras, e cada vez mais surgem propostas criativas. São representadas cenas de auto-afirmação e encontro, a partir da igualdade, com figuras autoritárias. O "amor a si mesmo", a auto-afirmação, a integração de aspectos negados (pertencentes ao lado sombra) e o surgimento de posições intragrupais que implicam colaboração, cooperação, compartilhamento e também o estabelecimento de limites e a auto-afirmação diante dos demais são manifestações típicas desta subfase. Consolida-se o encontro, a vivência da individualidade e de nós mesmos. Esclarecem-se as hierarquias e as equiparações.

A postura diante do terapeuta é tentar deixá-lo de lado, enquanto as cenas são montadas e dramatizadas. Ou, mais adiante, admiti-lo no papel de "técnico". É requisitado como ser humano real e solicitado como instrumento terapêutico.

A independência sofre o duelo e a ambivalência entre "a comodidade de ser dirigido e a alegria e o medo de caminhar sozinho". Cenas que se projetam a um futuro imediato e remoto surgem dessa ambivalência.

O silêncio traduz reflexão, encontro consigo mesmo e processo de elaboração e aquecimento rumo à espontaneidade-criatividade.

d. Subfase de encontro com a realidade

No processo de independência, individualização e auto-afirmação que se cristalizava na subfase anterior, começam aos poucos a evidenciar-se os resíduos ainda não resolvidos dos aspectos megalomaníacos da personalidade. Na busca pela auto-suficiência destaca-se cada vez mais nos indivíduos sua maior ou menor capacidade de aceitar os próprios limites, de assumir e elaborar as frustrações provocadas pelo ambiente.

Trata-se de um tema que já foi abordado nas fases anteriores do curso de terapia grupal. Pode até ter surgido de repente e com certa violência, na fase de trânsito e na subfase de contradependência. Porém é agora, no fim do caminho, que reaparece, em resultado da auto-afirmação, quando é importante atender à sua possível resolução. Tenta-se manter a megalomania em seus limites "sadios" e também evitar um processo regressivo nascido da referida frustração.

Nessa subfase a megalomania, em suas facetas patológicas, aparece sob distintas formas, sendo as mais freqüentes: a auto-exigência de uma capacidade de autodomínio e de resolução dos problemas cotidianos que atingem os limites do razoavelmente possível; o desapontamento e a frustração perante a incapacidade de responder a determinadas solicitações interiores e do meio ambiente; o desânimo e as fantasias regressivas em diversos níveis de dependência; a autocrítica destrutiva de forma explícita ou mostrada por meio de um estado de concentração interior, num "estar enfastiado"; críticas ao terapeuta e ao caminho seguido na terapia por não lhe haverem preenchido as expectativas (de onipotência). Isto é suficiente para apontar as atitudes mais freqüentes a respeito da área que abordamos nesta fase.

Os conteúdos dessa subfase costumam reaparecer entrelaçados com os da fase anterior e acentuam-se às vezes no final, motivo pelo qual nós os delimitamos, embora de modo um tanto artificioso, como outra fase.

A redução desses traços megalomaníacos leva à aquisição de uma identidade mais madura, integrada e, sobretudo, realista e espontânea. Inevitavelmente produz muitas desilusões à vivência de maior serenidade e segurança em si mesmo.

Cada vez mais o grupo vai se tornando auto-suficiente, passando ao que denominamos de fase de estruturação social.

As quatro subfases da fase familiar não são claramente definidas. Como ondas sucessivas, os momentos e as cenas correspondentes a cada uma das subfases vão e vêm. O grupo[28] debate-se em seu caminho de crescimento em direção à independência e à autodependência, e é esta a sua linha geral, mas dentro dela dá "dois passos à frente e um atrás", num processo de avanço e retrocesso doloroso e difícil. Quando todos acreditam haver avançado até o próximo estágio, um dos emergentes do grupo encarrega-se de recordar, numa das sessões, que ainda ficaram alguns "ganchos" no passado e que é preciso voltar para repará-los ou que seria necessário fazer uma incursão às fases anteriores, com o intuito de reforçar as bases (cenas significativas referentes à fase primígena e diabólica) para um novo impulso de crescimento mais sólido.

Fase de estruturação social

Já nas últimas subfases da fase familiar, os participantes vão demonstrando mais independência e auto-suficiência, as equiparações aparecem, são concretizadas e as hierarquias se estruturam. Os componentes transferenciais da relação esclarecem-se e os processos tele vão ficando limpos.

Cada vez mais, o grupo vai se tornando uma microssociedade capaz de autogovernar-se, construir suas próprias normas e reger-se por elas com sua própria linguagem interna, definir e perseguir suas próprias metas. O grupo pode caminhar desde sua função terapêutica até um grupo de tarefa. Tarefa que se concretiza individualmente na análi-

---

28. E cada um dos seus membros.

se de aspectos técnicos, afetivos e mesmo políticos e religiosos, mas referentes a situações atuais que transcendem os esquemas conflitantes mais antigos e, em nível grupal, na avaliação do grupo como espaço operacional.

O terapeuta fica sobrando ou tentam reintegrá-lo como um a mais.

Desse ponto de vista, a evolução do grupo[29] pode seguir dois caminhos: 1) a dissolução a partir da aceitação dos níveis de consecução dos objetivos perseguidos ou 2) a aquisição de uma tarefa que transcenda o tratamento dos membros.

Seja como for, é estranho que um grupo terapêutico que costuma ser aberto chegue ao auge de sua evolução nesta fase, já que os inevitáveis pontos fracos que não foram tratados são um chamariz para um impulso a voltar atrás (adiante), de modo que empreenda uma nova espiral terapêutica.

A cena latente desse momento estaria representada pelo arquétipo da serpente, que morde seu próprio rabo, símbolo do eterno retorno.

Se o grupo for aberto, é preciso contar também com outros fenômenos que não são espirais terapêuticas, mas regressões a momentos ou fases anteriores provocadas por diferentes avatares que incidem no processo: inclusão de um novo membro; perda de um participante por separação ou morte; enfermidade do terapeuta, interrupção prolongada devido a férias etc. Qualquer dessas situações é motivo de regressão, e o grupo retoma seu caminho no ponto em que se viu obrigado a retroceder.

Algumas palavras sobre a dissolução do grupo. Num grupo aberto, sua dissolução em casos raros geralmente deve-se ao fato de ele ter ido além da fase de estruturação social e, na maioria dos casos, a diversas atuações inadequadas do terapeuta: desde uma má estruturação na escolha dos elementos até intervenções que levam o grupo ao *impasse* do paradoxo. As causas externas que podem incidir como elementos de dissolução costumam pertencer ao metassistema no qual incluímos o grupo e cujo assunto será tema em outro capítulo.

Os jogos e exercícios aparecem mais à frente, simplesmente seguidos da letra (j) ou (e) entre parênteses, para facilitar sua localização e a leitura de sua descrição na lista correspondente.

No final do livro, introduzimos um pequeno número de jogos e exercícios que são de ampla aplicação e muito flexíveis, razão pela qual preferimos não situá-los em nenhuma fase específica.

---

29. Se for o caso de um grupo fechado.

CLASSIFICAÇÃO DOS JOGOS E EXERCÍCIOS DE ACORDO COM AS FASES DO GRUPO

Continuando nosso modelo das fases grupais, propomos um esquema paralelo, no qual aparece um bloco para cada fase e subfase dentro de cada bloco, que por sua vez constituem os sub-blocos que congregam diversos exercícios. Aos blocos e sub-blocos demos denominações que indicam a finalidade dos exercícios que enquadramos em seu interior.

Para que sua utilização se torne mais clara, apresentamos primeiro os blocos com seus nomes e depois, à parte, os exercícios que incluímos em cada um. Não aparecem exercícios na fase de estruturação social, já que isso nos parece irrelevante, em função das considerações que fizemos, ao descrever esta fase. Finalmente, no capítulo seguinte descrevemos cada exercício ao qual nos estamos referindo.

1. INICIAR O GRUPO (fase caótica)

2. CRISTALIZANDO A MATRIZ (fase de fundamentação)

    CRIAR O GRUPO (subfase da onipotência)
    a. Criando o grupo
    b. Entrando num grupo formado
    c. Recuperando a confiança
    d. Fantasia/realidade

    PRIMEIRO ENCONTRO COM OS DEUSES (subfase de trânsito)
    a. O bebê
    b. As figuras míticas

3. MINHA FAMÍLIA E EU (fase familiar)

    VEJAMOS A DEPENDÊNCIA (subfase de dependência)
    a. As figuras de autoridade
    b. Com os amiguinhos

    LUTANDO COM A DEPENDÊNCIA (subfase de contradição)
    a. As figuras de autoridade
    b. Em cima e embaixo
    c. Competindo

    PLANEJANDO A INDEPENDÊNCIA (subfase de independência)
    a. Criando os próprios espaços
    b. Demarcando a igualdade
    c. Confirmando os instintos
    d. Encontro com a morte

O ÚLTIMO TOQUE (subfase de encontro com a realidade)
a. Que tal ser espontâneo?
b. Aceitando minhas partes temidas

4. QUANDO O GRUPO TERMINA (fase de fundação e/ou final do grupo)
   • Até breve
   • Despedindo-se de um amigo
   • Acabou-se

(Esclarecer que (1) serve para fases distintas, esteja anotado ou não, (2) que os pontos a), b) etc. não seguem necessariamente esta ordem — são diversos aspectos da mesma subfase.)

JOGOS E EXERCÍCIOS DE CADA BLOCO

1. INICIAR O GRUPO (fase caótica)
    Eu, meu amigo (e-j)
    Auto-apresentação (j)
    Apresentação por duplas (j-e)
    Retrato de família (j)
    Viagem de navio, de trem etc. (j)
    "Tema" (P. Bour) (j)
    Estrangeiros num país exótico (j)
    As ilhas (j)
    A caixa de cristal (j)
    Isolados pela neve (j)
    O orfanato (j)
    Meu verdadeiro nome (j)

2. CRISTALIZANDO A MATRIZ (fase de fundamentação)

    CRIAR O GRUPO (subfase de onipotência)
    a. Criando o grupo
        Balões e bolas (e)
        Encontro do grupo, passeando (e)
        Encontro em duplas (e)
        Círculo com suas variantes (e)
        Encontro com lenços (e)
        Sentir o espaço (Schutz) (e-j)
        Monte (e)
    b. Entrando num grupo formado
        Usando táticas verbais (e)
        O introdutor de mensageiros (e)
        Entrando no círculo (e)

    c. Recuperando a confiança
       Queda para trás (e)
       Embalando (e)
       Apresentação do próprio corpo (e)
       Exploração do próprio corpo (e)
       Exploração do meio ambiente (e)
    d. Fantasia/realidade
       Quem se parece mais comigo (e-j)
       A família desejada (j)
       A tenda mágica (j)
       Teste de manifestação do desejo (j)
       O mar sem peixes (j)
       Tema (P. Bour) (j)
       O jardim do Éden (j)
       Ao inferno com Virgílio e ao céu com Beatriz (j)

  PRIMEIRO ENCONTRO COM OS DEUSES (subfase de trânsito)
    a. O bebê
       Chamando mamãe (e)
       Nos braços de mamãe (e)
       O monte (e)
       As sementes (j)
       Ser objeto (e)
       Contato facial (Schutz) (e)
       Embalando (e)
       Deixar-se cuidar e acariciar, em duplas (um deitado) (e)
       O orfanato (j)
    b. As figuras míticas
       Deuses e homens (j)
       Todos são deuses (j)
       Céu-terra-inferno (j)
       Escolha de Adão e Eva (j)
       Construindo a figura mítica (j)

3. MINHA FAMÍLIA E EU (fase familiar)

  VEJAMOS A DEPENDÊNCIA (subfase de dependência)
    a. As figuras de autoridade
       Retrato de família (j)
       A linha (e)
       No colégio com o professor (j)
       Festa infantil com os pais (j)
    b. Com os amiguinhos
       Conto em grupo (j)
       A linha (e)
       No recreio (j)

"Cabular" em grupo (j)
Em círculo (e)
O corpo do grupo (j)

LUTANDO COM A DEPENDÊNCIA (subfase de contradependência)
a. As figuras de autoridade
   A tribo e o missionário (j)
   Manifestando-se diante do mito (j)
   Fazendo travessuras (j)
   Discutindo com o líder (j)
   O deus e os seres humanos (j)
   Pavilhão da cadeia (j)
b. Em cima e embaixo
   O cego e seu guia (e)
   A linha (e)
   A ronda da sinceridade (com ou sem palavras) (e)
   Criando um exército (uma empresa, uma povoação etc.) (j)
   A jaula dos macacos (j)
c. Competindo
   Baile estudantil (j)
   Medindo forças (e)
   Pulso (e)
   Sim-Não (e)
   Bandos que se enfrentam (e)
   A balsa e os tubarões (j)
   A horda de seres primitivos (j)
   A jaula dos macacos (j)
   Com cordas, em duplas (e)
d. Para trás. Para a frente
   Entre Pinto e Valdemoro (j)

PLANEJANDO A INDEPENDÊNCIA (subfase de independência)
a. Criando os próprios espaços
   Exploração do próprio corpo (e)
   A horda de seres primitivos (j)
   A jaula dos macacos (j)
   O bolo (e)
   A roda (e)
   Pintura e colagem em grupo (e)
   O território próprio (e-j)
b. Demarcando a igualdade
   Os presentes (j)
   O churrasco no campo (j)
   O cego e seu guia (e-j)
   Quem se parece comigo? (e)
   A troca de um segredo (j)

  Passeando-encontro (e)
  Romper o cerco de dentro para fora (e)
 c. Confirmando os instintos
  Exploração do corpo do outro (e)
  Com corda, em duplas
  (heterossexual — homossexual) (e)
  Homens-Mulheres (e)
  Num encontro, passeando, com exploração física (e)
  A selva (os animais) (j)
  Baile estudantil (j)
  A jaula dos macacos (j)
  A ilha deserta (j)
 d. Encontro com a morte
  Minha própria morte (j)
  Perda de um ente querido (j)
  Dor pela perda de um companheiro (e)
  O enterro (j)
  Ao morto a cova, ao vivo o bolo (j)

O ÚLTIMO TOQUE (subfase de encontro com a realidade)
 a. Que tal ser espontâneo?
  Fazer algo que não serve para nada (j)
  Improvisando com um quadro (j)
  Pedir para fazer uma experiência (e)
  A sacola mágica (j)
  Os presentes (e)
  Jogos de mimos (e)
  Jogo das prendas (dos filmes...) (j)
 b. Aceitando minhas partes temidas
  Pavilhão de loucos (da cadeia, de bêbados) (j)
  Que parte minha eu vendi? (j)
  Teste de manifestação do desejo (o que não quero ser) (j)
  A ronda da sinceridade (e)
  As fantasias (j)

4. QUANDO O GRUPO TERMINA (fase de fundamentação e/ou do final do grupo)

 ATÉ BREVE
  Adeus sem palavras (e)
  Resgatando (e)
  Fantasia do futuro (j)

 DESPEDINDO-SE DE UM AMIGO
  A estação (j)
  Resgatando (e)

ACABOU-SE
> *Fim da viagem de ônibus* (j)
> *A bomba atômica* (j)
> *Resgate final* (e)
> *O enterro do grupo* (j)
> *Eu e o grupo* (j)

5. PARA QUALQUER ETAPA OU FASE
   > *Manifestação com sons* (e)
   > *Manifestação não-verbal* (e)
   > *Jogos com fantoches* (j)
   > *Jogos com máscaras* (j)
   > *Conto em grupo* (j)
   > *Philips 66* (e)
   > *"Brainstorming" (tempestade de idéias)* (e)
   > *Os balões coloridos* (e)
   > *Pintura e colagem em grupo* (j-e)

6. CASOS ESPECIAIS

   BIPESSOAL
   > *As máscaras* (j)
   > *Com fantoches* (j)
   > *Pintura e colagem (de si mesmo, do que não gosta, da família etc. ...)* (j)
   > *Massinha* (j)
   > *A vida sobre uma linha* (e)

   DUPLAS OU CASAIS
   > *Com a corda* (e)
   > *Com fantoches* (j)
   > *Máscaras* (j)
   > *Pintura e colagem (o outro, o casal, "minha" família e "sua" família...)* (j)
   > *Meu corpo-seu corpo* (e)
   > *Dominador versus dominado* (e)
   > *Sou sua mãe* (j)
   > *Seduzindo* (j)

   FAMÍLIA
   > *Jogo das personagens* (ver no final de jogos) (j)

   INFÂNCIA E ADOLESCÊNCIA (ver no final de jogos)

5

DESCRIÇÃO DOS JOGOS E EXERCÍCIOS

Neste capítulo, vamos descrever cada um dos jogos e exercícios mencionados no capítulo anterior.

Como já dissemos, em algumas ocasiões fica clara a distinção entre jogos e exercícios; porém, em outras, fica difícil situá-los em uma ou outra categoria porque possuem algo de ambas. Em primeiro lugar, descreveremos os exercícios e em seguida os jogos. Em todos transcrevemos um modelo de instrução e a forma de desenvolvê-lo. Em alguns deles daremos, ainda, suas possíveis variantes e em outros sugerimos sua aplicação.

O material será bastante resumido em sua apresentação. Insistimos no fato de que esses jogos e exercícios devem ser vistos unicamente como sugestões e idéias, o que se estende a todos os aspectos de: instruções, aplicações, desenvolvimento etc., e que em sua aplicação na prática devem adequar-se ao contexto em que estão sendo utilizados: tipo de grupo, membros que o constituem, nível sociocultural, momento do grupo, contexto institucional e social etc. Do mesmo modo, as técnicas a serem introduzidas — ou não — ao longo da encenação dependerão daquilo que o terapeuta considerar oportuno em cada caso.

Qualquer técnica ativa (qualquer técnica psicoterápica) pode correr riscos, mas queremos destacar aqui um perigo:

ATENÇÃO: PERIGO DE RIGIDEZ

Pode ser combatido com a flexibilidade e com a espontaneidade.

EXERCÍCIOS

Serão descritos na ordem que aparecem nos blocos correspondentes às fases e subfases dos grupos[1].

INICIAR O GRUPO

■ EU, MEU AMIGO (JOGO-EXERCÍCIO)

I: "Cada membro do grupo vai imaginar que está diante de um amigo, ao qual conta o que lhe está acontecendo neste momento e pede conselhos".

"Depois de haver falado com seu amigo, você se levanta, coloca-se na frente do assento que ocupou anteriormente e, no papel do amigo, dá a resposta" (troca de papéis).

"Fiquem em silêncio."

D: Depois de transcorrido certo tempo, os participantes voltam a sentar-se e compartilham sua experiência com o grupo.

A: Diante de um grupo na fase caótica, muito bloqueado pelas ansiedades próprias dessa fase, como meio de compartilhar essas ansiedades.
- Para manifestar a latência do grupo.
- Excessiva dependência do terapeuta e dos demais.
- Conflito com os papéis de autoridade.

CRISTALIZANDO A MATRIZ

Criar o grupo

a. Criando o grupo

■ BALÕES E BOLAS

I: Não damos instruções.

No grupo, distribuídos pelo espaço ou colocados em círculos, jogamos vários balões a diferentes indivíduos. Se não nos devolvem nem jogam para outras pessoas, nós os encorajamos a fazê-lo.

A: É um exercício de aquecimento para grupos de pacientes muito isolados (psicóticos com síndrome hospitalar, deficientes psíquicos etc.)

V:

---

1. As letras *a*, *b*, *c*, etc. correspondem às fases e subfases, conforme descrito no Capítulo 4. a-1, a-2 etc., designam diferentes movimentos dos vínculos em cada fase. *I*, *D*, *A* e *V* correspondem a Instrução, Desenvolvimento, Aplicação e Variantes.

1. Quando perdem o medo do contato com os balões e entram no jogo (às vezes é necessário repetir este exercício muitos dias), os balões podem ser substituídos por bolas leves de plástico (de praia) e mais tarde por bolas de couro.
2. Em grupos com outro tipo de paciente, pedimos que digam seu nome em voz alta toda vez que entrarem em contato com o balão ou com a bola. O monitor intervém, procurando introduzir os que são ignorados, jogando-lhes a bola.

A: A variante 2 — para iniciar o grupo, estabelecer as primeiras relações e conhecer os nomes.

■ ENCONTRO DO GRUPO, PASSEANDO (PASSEIO E ENCONTRO)

I: "Todos de pé, passeando lentamente pelo cenário. Quando estiver frente a frente com o outro, pare e expresse *sem palavras* seus sentimentos, sejam eles quais forem. O outro responderá de acordo com seus próprios sentimentos".

A: Trata-se de uma exploração sociométrica sutil, cuja finalidade é observar as atrações e rejeições.

Utiliza-se em qualquer fase do grupo, sempre que for importante explorar e esclarecer sua rede sociométrica.

■ ENCONTRO EM DUPLAS

I: "Enquanto passeiam pela sala, comecem a formar duplas (díades) de comum acordo. Cada dupla procura um espaço e senta-se no chão, frente a frente, sem falar. Espere algum tempo, para que possam captar o que a presença do outro lhes provoca, no silêncio do encontro calado".

D: Após cinco a dez minutos, cada dupla comenta, entre si, o que sentiu antes de passar para os comentários gerais.

A: Poder avaliar os encontros baseados na telepositiva, pela simples presença do outro.

V: Cada dupla troca suas experiências, seja sobre um momento vivido no grupo, seja sobre um tema que tenha surgido durante a sessão etc.

■ CÍRCULO COM SUAS VARIANTES

Trata-se de uma série de exercícios que podem ser realizados isoladamente ou em conjunto. Em silêncio.

I: "Coloquem-se todos em círculo. Olhem seus companheiros até perceber quais os sentimentos que afloram".
V:
(B): De mãos dadas.

(I): Aproximando-se para fechar o círculo, e separando-se para abri-lo.
(D): Mudando de lugar para explorar outras disposições topológicas.
A: Fase de fundamentação. Criação da matriz em qualquer momento do grupo.

■ ENCONTRO COM LENÇOS

I: "Coloquem uma venda[2] nos olhos". Quando todos tapam os olhos, nós os mudamos de lugar para que percam suas referências espaciais anteriores e ordenamos: "Caminhem até encontrar os demais; em cada encontro parem, examinem o outro, deixem-se examinar ... embora também possam rejeitá-lo, se quiserem. O importante é que cada um entre em contato com suas sensações e sentimentos em cada encontro, com os diversos meios de exploração, com o que se deseja e se rejeita etc. É um exercício sem palavras".

D: Reservamos um bom espaço de tempo. Se notamos que demonstram uma evidente inibição, podemos estimulá-los verbalmente para que cheguem a explorações mais demoradas; um som de percussão ao fundo pode ajudar.

Costumamos sugerir que do lugar em que estão, sem tirar o lenço, façam comentários, verbalizando e compartilhando suas ações e inibições, e que depois dessa reflexão e tomada de consciência retomem o exercício. "Caso queiram pôr em jogo o que antes, por algum motivo, não quiseram."

V:
1. Repetir o exercício sem os lenços para comparar.
2. Metade dos membros com lenços e metade sem. Trocar os papéis, com a mesma duração de tempo.

A. Criar uma matriz grupal. Exploração do contato físico.

■ SENTIR O ESPAÇO (ENCONTRAR O PRÓPRIO TERRITÓRIO) (SCHUTZ)

I: "Passeando pelo espaço de que dispomos, procurem conhecer os cantos, ver em que local preferem ficar... Detenham-se por um momento, olhem também ao lado de quem estão, na frente de quem... repitam a busca".

D: Continuamos, até que a maioria esteja situada a seu gosto.
A: Exploração do espaço dentro do grupo, da escolha topológica e da proxenia.

---

2. Usamos lenços de 40 a 60cm de largura, em cores escuras, dobrados várias vezes em ponta e amarrados na nuca, como no jogo de cabra-cega.

■ MONTE

I: "Comecem a deitar-se no chão, formando um monte de pessoas. Alguns ficarão por cima, outros por baixo, mas no jogo isto é secundário". "Procurem acomodar-se o melhor possível, os olhos fechados, sentindo o contato com os outros corpos, a proximidade, o calor. Não tentem adivinhar em quem estão tocando, isto não importa, o que importa é que é um ser humano. Não falem."
Escurecemos o local.
"Comecem a respirar de maneira audível, para que todas as respirações se somem, transformando-se numa única." "Sintam que são o todo e parte desse ser que respira."
Depois que obtivermos a respiração comum, nós a prolongamos por uns momentos e em seguida dizemos:
"Sem abrir os olhos nem falar, comecem lentamente a separar-se e, tateando, encontrem seu próprio espaço".
"Abram os olhos, observem à sua volta, vejam se querem aproximar-se de alguém e tocá-lo." Mais tarde: "Compartilhem suas vivências com os companheiros a quem se reuniram. Em voz baixa."
A: Fase caótica e de fundamentação. Qualquer momento regressivo. Exercício de regressão a cenas primígenas e depois diabólicas e familiar/social.

b. Entrando num grupo formado

■ USANDO TÁTICAS VERBAIS (PARA ENTRAR NO GRUPO)

I: A um novo participante que colocamos diante de um grupo formado num círculo fechado, dizemos: "Você deseja, mas certamente tem medo de entrar neste grupo e fazer parte dele. Precisa pedir-lhes permissão e tentar convencê-los. Para isso, você tanto pode dirigir-se ao grupo, como a cada um separadamente. Também pode declarar 'Não me interessa', ou seja, as uvas estão verdes... e ficar do lado de fora, isolado".
A: Integração de um novo membro com dificuldade para a manifestação não-verbal.

■ O INTRODUTOR DE MENSAGEIROS

I: "X (o novo membro que acaba de chegar) pode escolher qualquer indivíduo do grupo. Afasta-se com ele e o põe a par do que gostaria que ele, como seu mensageiro, transmitisse ao restante do grupo, para que se tornasse conhecido e pudesse ser aceito".
D: Depois que o intermediário transmitiu ao grupo o que o recém-chegado lhe comunicou, o grupo decide se o aceita ou não, em que con-

dições, e discutem quais os aspectos do novato que agradaram e quais desagradaram. O novo membro é (normalmente) incluído, apresenta-se a cada um em particular e, posteriormente, passamos para o comentário geral.

V: No caso (raro) de não ser aceito, são discutidos os motivos em grupo, o tempo e os meios pelos quais ele conseguiria a integração etc.

A: Inclusão de um novo membro.

■ ENTRANDO NO CÍRCULO

Quando surge um novo membro ou quando um antigo membro se queixa de marginalização.

I: "Coloquem-se em círculo, apoiando os braços nos ombros dos companheiros. O novato tentará entrar nesse círculo (dentro ou fazendo parte dele), utilizando os meios que acredita lhe abrirão as portas do grupo. Cada um reagirá como considerar mais adequado".

V: Em silêncio, ou encorajando-o com palavras.

c. Recuperando a confiança

■ QUEDA PARA TRÁS

I: "X (o protagonista) coloca-se de pé, e atrás dele vários membros do grupo, em duas filas de dois em dois, entrelaçam as mãos de maneira que possam sustentá-lo, quando ele se deixar cair de costas".

D: Uma vez organizados, animamos o protagonista a deixar-se cair de bruços sobre o leito.

V: Pode-se, a seguir, embalá-lo (ver o próximo exercício).

A: Exercitar a confiança. Retorno às primeiras matrizes.

■ EMBALANDO

I (Ao grupo): "Preciso de seis voluntários para ajudar X neste exercício". Quando eles se apresentam, peço: "Fiquem três na frente dos outros três. Segurem-se pelos pulsos, cruzando os braços com o que está diante de você". A idéia é formar uma espécie de berço com os braços e mãos das três duplas. "Agora (ao protagonista), deite-se sobre os braços, feche os olhos, relaxe e deixe-se acalentar. Aos que o sustentam: "Embalem-no, suavemente". Após alguns momentos, abaixa-se o "berço" para que o protagonista possa descer comodamente.

A: É um exercício de regressão, de retorno à matriz, por meio da vivência de ser embalado, assim como da confiança que deve estabelecer-se entre o que está sendo embalado e os que o amparam.

■ APRESENTAÇÃO DO PRÓPRIO CORPO

I: "Os que querem fazer este exercício levantem-se e, um de cada vez, situe-se dentro do círculo (ou no cenário) e mostre-se, passeie, dê algumas voltas, pare ... para que os demais tenham tempo de observá-lo e para que você experimente os movimentos internos que se produzem ao sentir que está sendo observado".

D: Quando todos terminam o exercício tecemos comentários, encorajando os protagonistas a expressar "com que olhos" se sentiram examinados. O que os olhares estavam lhes transmitindo. Se se sentiram acolhidos ou rejeitados, criticados ou aceitos etc. E agora, na palavra dos observadores, o que eles viam nos que se apresentavam.

A: Encontro com os "olhares" das diferentes matrizes (ver texto).

V: Depois deste primeiro exercício (ou diretamente), o protagonista pode falar aos outros do seu corpo como um todo ou de suas partes distintas.

■ EXPLORAÇÃO DO PRÓPRIO CORPO

I: "Percorrer bem lentamente com as mãos seu próprio corpo, tomando consciência do que sentem as mãos e do que sentem as partes tocadas. Que parte me agrada e quais me desagradam tocar e sentir? Quais descubro que me são mais desconhecidas?

A: Encontro com o corpo.
Identidade corporal
Aceitação/rejeição do corpo.

■ EXPLORAÇÃO DO MEIO AMBIENTE

Pode ser realizado como uma prolongação do anterior. Após dedicarmos determinado tempo ao exercício anterior, sugerimos:

I: "A partir deste momento, comecem a explorar também o espaço que os rodeia, o piso, as paredes, os objetos e os corpos dos companheiros. Os contatos pessoais podem ser aceitos ou rejeitados".

A: Encontro com o ambiente. Contato corporal interpessoal. Ambivalência diante do contato corporal hetero e homossexual.

V: Começa-se passeando pelo cenário e indo ao encontro dos demais. Luz fraca ou no escuro. Sem palavras.

I: "À medida que encontram os companheiros, explorem seus corpos com as mãos. Os contatos podem ser aceitos ou rejeitados. É importante ter consciência das vivências. Não tentem reconhecer quem é a pessoa que estão tocando. Atuem lentamente, dando tempo para que percebam as sensações".

A: Como o anterior.
V: Mais delicado: explorar somente as mãos dos companheiros.

d. Fantasia-realidade

■ QUEM SE PARECE MAIS COMIGO

O líder pede aos membros que escolham ou designem os participantes que mais se pareçam com eles em atitudes, aptidões e comportamentos. Depois se discutem em grupo os critérios adotados nessas escolhas. Durante a discussão, podemos utilizar as seguintes perguntas:
• As pessoas foram autênticas em suas percepções sobre si mesmas e em relação aos outros membros?
• Até que ponto foram válidos os aspectos de semelhança apresentados e até que ponto foram meras suposições?
• Entre as semelhanças exibidas, existe alguma relação com experiências passadas de natureza familiar?
• Quais as pessoas do grupo que foram mais escolhidas e quais as que foram menos? O que isto pode significar?
• Como se sentiram as pessoas quando foram selecionadas por causa de uma ou outra semelhança?
A: Exercício sociométrico baseado na escolha télica e na fantasia perceptiva.

Primeiro encontro com os deuses

a. O bebê

■ CHAMANDO MAMÃE (POBLACIÓN)

I: "Quero sugerir um exercício que os leve a tomar contato com os sentimentos dos primeiros anos de vida, sentimentos relacionados com sua mãe". Escurecemos o ambiente, deixando-o na penumbra ou com uma luz vermelha. "Cada um de vocês deve procurar seu espaço e deitar-se de costas, com as pernas meio flexionadas e os olhos fechados." Oferecemos colchonetes individuais se o piso não for acolchoado. Quando todos estiverem acomodados, continuamos: "Comecem a pronunciar a palavra mamãe. No princípio para si mesmo, mas, pouco a pouco, em voz alta, seguidamente e devagar".

D: Continuamos o aquecimento e a estimulação. "Imaginem esta cena. O que acontece quando chamam mamãe? Ela vem ou está ausente? O que está acontecendo? Continuem: mamãe, mamãe." Quando acharmos que chegou a hora, anunciamos o fim do exercício, mas suge-

rimos que permaneçam na mesma posição e na semi-escuridão manifestem as sensações vividas.
Posteriormente, passamos ao comentário geral para finalizar o processo.
A: Exploração da dupla relação mãe-filho.

■ NOS BRAÇOS DE MAMÃE

I: "Escolha a pessoa do grupo que lhe pareça ser mais maternal numa relação. Se essa pessoa concorda, aninhe-se em seu colo (a maneira de fazê-lo dependerá de muitos fatores, uns psicológicos e outros simplesmente de natureza física) e permaneça de olhos fechados, em silêncio, deixando-se embalar".
Para quem está representando a mãe: "Acolha-o, assumindo seu papel de mãe. Fale o menos possível. Deixe-se levar...".
Convém escurecer a sala.
V: Várias duplas podem realizar este exercício simultaneamente e depois trocar os papéis.
A: Até que ponto podemos perceber um vínculo de ternura, como resultado deste exercício de regressão.

■ MONTE (VER p. 141)

■ SER OBJETO

I (Ao protagonista): "Coloque-se no centro do cenário. A partir de agora você será um objeto. Não pode falar. Todos poderão fazer de você o que quiserem. Tocá-lo, empurrá-lo, acariciá-lo etc. ... Só não podem machucá-lo".
Pedimos a todos que se aproximem e procurem fazer algo com aquele "objeto".
A: É a oportunidade que o protagonista tem de experimentar a sensação de ser examinado livremente pelos outros, e de cada um começar a experimentar as reações emocionais provocadas por um contato corporal.

■ CONTATO FACIAL (SCHUTZ)

I: "Cada um de vocês irá encostar, por alguns segundos, seu rosto ao rosto de cada um dos companheiros. Com os olhos abertos e em silêncio".
A: Exercício de inclusão e pertinência ao grupo.

■ EMBALANDO (VER p. 142)

■ DEIXAR-SE CUIDAR E ACARICIAR

Exercício em duplas
I: "Distribuam-se em duplas, à sua escolha". (Escolha passeando, ambos de acordo, isto é, escolha sociométrica.) As pessoas que compõem a dupla (de sexos iguais ou opostos), no final de alguns minutos trocam de papéis para que possam passar pelas duas situações. Cada dupla procura seu espaço... um de vocês se deita e relaxa, enquanto o outro o atende e acaricia. É um exercício sem palavras, embora possam murmurar entre si e emitir outros sons não-verbais".

D: Depois que eles se acomodam, diminuímos a luz e damos um prazo de 5 a 15 minutos, conforme a atividade das duplas, e propomos a troca.
Quando o exercício termina, sugerimos que a dupla troque idéias entre si sobre a experiência. Posteriormente, passamos para o comentário geral.
A: Em diversas situações, principalmente em dois aspectos:
1. Preocupação de natureza mais "maternal", com relação à primeira infância.
2. Exploração dos aspectos sexuados, capacidade de acariciar e ser acariciado, inibições nesta área etc. Inevitavelmente, o interior de ambos os aspectos sobrepõe-se.

b. As figuras míticas (só jogos)

MINHA FAMÍLIA E EU

Vejamos a dependência

a. As figuras de autoridade

■ A LINHA

I: "Vou riscar no chão uma linha imaginária" (riscamos). "Aqui é o começo e aqui o fim. O começo indica que quem se situar nesta ponta é quem tem em maior grau (o fator a ser explorado) no grupo; o fim, o lugar de quem possui menos. Agora, cada um se coloca numa das pontas ou, se quiser, em qualquer local intermediário."
D: É comum surgirem muitas discordâncias sobre quem fica na frente ou atrás deste ou daquele, ou propostas de diferentes disposições, que serão assunto do comentário posterior.

V: Tantos quantos forem os fatores que desejamos explorar: valor, poder, simpatia, angústia etc.
A: Em relação ao item explorado.

b. Com os amiguinhos

■ A LINHA (VER p. 146)

■ EM CÍRCULO (VER pp. 139-142)

Lutando com a dependência

a. As figuras de autoridade (só jogos)

b. Em cima e embaixo

■ O CEGO E SEU GUIA

Começamos por uma escolha sociométrica em duplas.
I: "Em cada par, um será o cego (com os olhos vendados ou fechados) e o outro, seu guia. *O cego não conhece nada do mundo*, e o guia o ajudará a conhecer. É um exercício sem palavras.
Cada dupla escolhe quem fará o cego e quem fará o guia. Depois trocam de papéis. Para começar, o guia segura o cego pelo braço; mais adiante, pode mudar a maneira de conduzi-lo".
Em silêncio, os papéis são trocados. Os comentários só são feitos no final, em grupo.
A: Fase familiar, subfase de dependência e contradependência.
Em qualquer momento que se apresente uma situação de domínio/submissão.
Explora-se também a capacidade de prestar e receber ajuda.

■ A LINHA (VER p. 146)

■ A RONDA DA SINCERIDADE

I: "Aquele (ou aqueles) que desejar, sai do grupo e coloca-se no cenário, sentado ou de pé. Os demais vão se situando diante dele, expressando brevemente com palavras e/ou gestos o que quiserem. O objetivo é tentar exprimir, com total sinceridade, suas opiniões, ponderações e sentimentos.
O protagonista deve receber as declarações sem responder, defendendo-se ou justificando-se. Sua atitude deve ser de silenciosa receptividade, abertura e reflexão".

D: Se houver mais de um participante, o comentário geral é realizado depois que todos terminaram.

É importante que o grupo entenda o exercício e que este seja aceito com todas as conseqüências que acarretar.

A intervenção será voluntária, sem a menor pressão.

A: Trata-se de um exercício muito duro, que precisa ser utilizado com prudência e sempre num momento em que o grupo possa lidar com a tensão que se cria durante seu desenrolar.

Serve para esclarecer "quem eu sou para os demais", nas fases de individualização dos membros dentro do grupo.

c. Competindo

■ MEDINDO FORÇAS

I: "Sentem-se no chão, com as pernas cruzadas, um na frente do outro. Os que estiverem usando anéis, retirem-nos. Segurem-se as mãos, entrelaçando os dedos. Pressionem com força".

A: Agressividade. Medo da violência. Competitividade.

■ PULSO

I: "Em duplas, fiquem de pé, um diante do outro, a ponta do pé direito de cada um tocando-se e as mãos direitas entrelaçadas. Faça com que seu oponente perca o equilíbrio".

■ SIM-NÃO

Escolha sociométrica em duplas, em função do confronto e/ou da competência. (Pode ser empregada por uma só dupla dentro da equipe.)

I: "Coloquem-se frente a frente e comecem a comunicar-se exclusivamente com as palavras sim e não. Decidam quem usará em primeiro lugar uma ou outra palavra e depois troquem".

Quando todos estiverem posicionados, continuamos: "Experimentem diferentes formas de dizer sim e não, mudando a entonação, a intensidade e a gesticulação. Façam valer sua posição".

A: Dependência/independência. Auto-afirmação. Luta sem violência física. Competitividade.

■ BANDOS QUE SE ENFRENTAM

Dividimos o grupo em dois subgrupos que se colocam frente a frente.

I: "Um dos grupos começa a manifestar-se, enquanto o outro ouve em silêncio". Decidimos qual dos grupos principia.

"Aproveitem para dizer tudo o que quiserem ao grupo que está diante de vocês."

Depois de um tempo suficiente, determinado pela produtividade dos participantes, invertem-se os papéis.

A: É um exercício sociodramático. Os subgrupos surgirão da dinâmica do grupo: confronto entre homens e mulheres, antigos e novos, dominantes e submissos. Os subgrupos formam-se, portanto, pela livre escolha dos membros que decidem a qual grupo querem pertencer.

■ COM CORDAS, EM DUPLAS

É um exercício que pode ser realizado tanto em duplas hetero como homossexuais (em ambos os significados deste termo).

Podemos sugeri-lo a uma dupla ou a várias sucessivas, mas não simultaneamente.

Delimita-se um espaço para o jogo de mais ou menos o tamanho de um colchonete e, se possível, utilizando-o. Restringimos a luz à penumbra ou optamos pela luz vermelha. O objeto intermediário é uma corda macia, de 1 a 1,5 cm de diâmetro, por 2 a 3 metros de comprimento.

I: Para a dupla: "Cada um de vocês deve pegar uma extremidade da corda, que por enquanto é o único elo que os une. Colocarei uma música de fundo que dura cerca de 3 minutos. Utilizem esse tempo da maneira que acharem melhor".

A cada membro que já está situado em um dos lados do colchonete, entregamos uma das pontas da corda. Ligamos a música e avisamos que o exercício começou.

D: Quando a música termina, interrompemos o exercício e pedimos que eles teçam comentários, do lugar em que estão, com a interferência do público. Se observamos que houve alguma inibição referente à manifestação de qualquer movimento emocional, oferecemos a oportunidade de fazer mais 3 minutos, passamos para o comentário geral ou ainda permitimos que outra dupla ocupe o espaço do jogo.

A: Exploração das relações hetero e homossexuais, atrações, rejeições, temores, competitividade etc.

d. Para trás. Para a frente (só jogos)

Planejando a independência

a. Criando os próprios espaços

- EXPLORAÇÃO DO PRÓPRIO CORPO (VER p. 143)

- O BOLO (EXERCÍCIO COM LÁPIS E PAPEL)

    Entregamos aos participantes uma folha em branco e um lápis.
    I: "Desenhem na folha dois círculos grandes. Dividam o primeiro círculo como um bolo, em porções mais ou menos grandes. O tamanho dessas porções indicará o interesse que dedicamos às diversas atividades de nossa vida. O *interesse*, não o tempo. Essas porções são denominadas, por exemplo, de trabalho, lazer, família etc.".
    Quando todos terminaram:
    "No segundo bolo, façam a mesma coisa, mas as fatias se adaptarão a uma cota desejada, ideal, de energia e interesse."
    "Comparem agora os dois bolos e reflitam individualmente sobre as seguintes perguntas: Qual a diferença entre um bolo e outro? Por que não mudo para meu bolo desejado? Que devo fazer... e pagar... para aproximar-me do segundo bolo?
    Comentário geral.
    A: Reflexão sobre interesses, motivações, medos e inibições na satisfação das necessidades.

- BALÕES E BOLAS (VER p. 138)

- PINTURA E COLAGEM EM GRUPO (VER NO FINAL)

- O PRÓPRIO TERRITÓRIO

    I: "O protagonista coloca-se no centro do cenário, olhando para um ponto no espaço. (N, S, L, O simbólicos). Situará cada membro do grupo, incluindo os terapeutas, a distância e no ponto cardinal que preferir, ficando de frente ou de costas para o centro" (ou seja, para o protagonista).
    Quando estiverem em seus postos: "Permitam-se perceber seus sentimentos e sensações. Esperem algum tempo e depois passem a manifestá-los, começando pelo protagonista".
    Ajudar a concentrar os comentários na área emocional. Comentários no próprio lugar em que estão.
    A: Exploração da proxenia, da rede sociométrica intragrupal pessoal, da tele e da transferência.
    Qualquer fase, sempre que estivermos determinando a posição de um ou vários membros no grupo.

b. Demarcando a igualdade

■ O CEGO E SEU GUIA (VER p. 147)

■ PASSEANDO-ENCONTRO

I: "Todos de pé, passeando lentamente pelo cenário. Quando estiverem frente a frente, parem e expressem *sem palavras* seus sentimentos, sejam eles quais forem. O outro responderá de acordo com seus próprios sentimentos".
A: Trata-se de uma exploração sociométrica sutil, que observa as atrações e rejeições.
Qualquer momento do grupo em que haja interesse em explorar e esclarecer sua rede sociométrica.

■ ROMPER O CERCO DE DENTRO PARA FORA (SCHUTZ)

"O grupo reservará alguns minutos para decidir qual dos seus integrantes é o mais bloqueado, o que se sente menos à vontade, o que é menos livre e espontâneo ao expressar-se" (uns três minutos). "Essa pessoa se colocará no centro do grupo e os demais, de pé, formarão um cerco à sua volta. Sua tarefa consiste em romper o bloqueio que sente, representado pelo cerco. Os que formam a barreira estreitam as filas e fazem o possível para impedir que ela saia."[3]

c. Confirmando os instintos

■ EXPLORAÇÃO DO CORPO DO OUTRO

Com a sala na penumbra.
I: "Cada um procura seu espaço e coloca-se na posição fetal (encolhidos). Comecem a tomar consciência do próprio corpo, a explorá-lo. Depois, sempre de olhos fechados, principiem a entrar em contato com seus companheiros. A relação será *única e exclusivamente* pelo tato, sem abraços, empurrões ou qualquer tipo de exploração corporal".
D: "Marcam-se os limites entre um e outro contato. Deve-se dar o tempo necessário para se proceder lentamente; trata-se de tomar consciência do mundo sensorial, tanto quando se usa o tato como quando se está sendo tocado".
A: Explorar todo o leque de sensações que o tato consegue perceber, quando nos concentramos e limitamos a ele.

---

3. Schutz, *op. cit.*, p. 150.

■ COM CORDA, EM DUPLAS (VER p. 148 — Competindo)

■ HOMENS-MULHERES

I: "Vamos dividir o grupo em dois subgrupos — um de homens, outro de mulheres. Cada grupo se coloca num dos lados desta linha imaginária (traçamos no chão) que não pode ser ultrapassada. O objetivo é que cada grupo diga ao outro o que acha do sexo oposto. Terão algum tempo para refletir e designar um porta-voz".

Reservamos 8 a 10 minutos. "Os porta-vozes podem começar a falar, depois que decidirem qual dos grupos se manifestará primeiro. Quando não chegam a um acordo, podem tirar cara ou coroa."

Damos o mesmo tempo aos dois subgrupos e no final passamos para o comentário de todos, propomos uma mudança de papéis ou sugerimos outras técnicas.

V: Que uma pessoa de cada grupo diga o que quiser ao grupo adversário como um todo, ou a cada indivíduo em particular.

No primeiro caso, ficamos próximos de um sociodrama; no segundo, da livre manifestação, que abre caminho a diversas experiências de grupo e individuais em relação a esse campo.

■ UM ENCONTRO, PASSEANDO, COM EXPLORAÇÃO FÍSICA (VER p. 138; item a.)

d. Encontro com a morte

■ DOR PELA PERDA DE UM COMPANHEIRO

Pode tratar-se da morte real de um membro do grupo, mas em geral trata-se do afastamento deste por algum motivo.

I: "Independentemente de suas razões para deixar este grupo, nosso companheiro X deixou de existir aqui, portanto, nós o perdemos. Morreu para o grupo. Podemos representá-lo por uma cadeira vazia (ou um objeto no chão) como se estivesse aqui, morto. Podemos falar dele entre nós, despedirmo-nos dele diretamente com palavras ou atitudes, 'resgatar' aquilo que não chegamos a lhe dizer, seja lá o que for... ".

D: Deixamos que a dor se manifeste, até notarmos o esgotamento do jogo. Podemos ajudar que os inibidos se exprimam, estimulando-os ou dublando-os.

A: Tomar consciência da dor da perda. Acostumar-se às "pequenas mortes", elaborando a situação. Permitir que o grupo desenvolva seu processo, sem que a perda o reprima.

O último toque

a. Que tal ser espontâneo?

■ JOGOS DE MIMO

Distribuídos por escolha sociométrica, num dos subgrupos ou equipes.
I: "Uma equipe tenta representar sem palavras, atitudes, sentimentos, uma história, ou um conto ... e a outra equipe tenta adivinhar o que estão querendo significar".
A: Improvisação, soltura corporal.

■ VAMOS REALIZAR UMA EXPERIÊNCIA

I: "Quero propor ao grupo uma experiência (damos uma entonação mais ou menos dramática, dependendo do interesse), mas preciso de voluntários. Por ser uma experiência, só mais tarde poderei dizer-lhe do que se trata".
Esperamos até que os voluntários se apresentem, ou não. Após alguns instantes de suspense, prosseguimos: "Esta foi a experiência — ver quem correria o risco de oferecer-se como voluntário".
Comentários a respeito de oferecer-se como voluntário, condições, motivos para sair ou recusar-se etc.
A: Exploração do grande número de riscos diante da fome de transformação cósmica.
Conservadorismo/espontaneidade. Segurança/risco. Acomodação/curiosidade.

b. Aceitando minhas partes temidas

■ A RONDA DA SINCERIDADE (VER p. 147; item b.)

QUANDO O GRUPO TERMINA

a. Até breve

■ ADEUS SEM PALAVRAS

Quando um dos integrantes vai embora, ou quando o grupo termina. Também por ocasião das férias, ou de qualquer interrupção prolongada.
I: "Às vezes, em momentos de muita emoção, como no caso de uma despedida, coibimos nossos sentimentos com palavras. Falamos, para

que as emoções não venham à tona. Proponho que façam uma despedida sem palavras, apenas com a linguagem corporal; isto é, tentem comunicar, por meio do corpo, o que vocês sentem quando vão embora ou despedem-se de um companheiro".

A: Exploração e vivência da perda e dos sentimentos que esta provoca num grupo que tem tendência à racionalização.

■ RESGATANDO

I: "Vamos realizar uma despedida psicodramática. Todos de pé, passeando. À medida que nos encontramos, nos despedimos uns dos outros. Porém, nessas despedidas, vamos resgatar tudo aquilo que ficou pendente até hoje. Convém que essa manifestação não seja apenas verbal, mas também corporal. Não omitam nada".

O terapeuta (e sua equipe) costumam intervir nessa despedida, sobretudo se se refere a um "resgate final".

b. Despedindo-se de um amigo

■ RESGATANDO (VER p. 153; item a.)

c. Acabou-se

■ RESGATE FINAL (VER EXERCÍCIOS)

PARA QUALQUER ETAPA OU FASE

■ MANIFESTAÇÃO COM SONS

I: "Faça apenas por meio de sons o que você está expressando com palavras."
V:
1. Total liberdade de sons: gritos, grunhidos, sussurros, gemidos etc.
2. Utilização de uma linguagem inventada: "*Ona tomora la cui...*".
3. Emprego de uma só vogal (qualquer uma), dando-lhe todos os tipos de entonações e intensidades.

Em todos os casos, admitimos o uso de gestos e mímicas correspondentes.

A: Quando o protagonista — ou o grupo — apóia-se nas palavras para defender-se. Ficar ciente de que 80% da comunicação é não-verbal.

■ MANIFESTAÇÃO NÃO-VERBAL

Quando o protagonista (ou o grupo) utiliza a palavra como meio

evidente de defesa para evitar uma manifestação mais clara dos seus sentimentos, sugerimos que diga o que está tentando transmitir somente por meio da expressão corporal, sem utilizar a palavra (nem gestos-palavras).
A: Igual ao exercício anterior.

■ PHILIPS 66

I: "Dividam-se em subgrupos de 6 (de 3 ou 4, dependendo do número de membros do grupo). Nomeiem um secretário para cada subgrupo, que terá de tomar nota das conclusões do grupo, atuar como moderador e controlar a atividade, marcando o tempo".
D: Uma vez constituídos os subgrupos, reservamos uns 10 minutos (ou mais, conforme a atividade programada) e definimos qual será nossa meta, por exemplo, propondo um ou dois temas a dramatizar. Quando o tempo termina (pode-se prorrogá-lo se a maioria solicitar), lemos ou escrevemos na lousa as propostas que os secretários ditarem. Normalmente, faz-se uma votação levantando a mão, para se fazer uma lista de prioridades.

■ *BRAINSTORMING* (TEMPESTADE DE IDÉIAS)

I: "Cada um pode contribuir com quantas idéias quiser sobre o assunto em discussão. Não importa quão estranhas e pitorescas possam parecer. Todas serão aceitas e escritas na lousa".
Ao terminar, as anotações são submetidas a votação. Os integrantes levantam as mãos.
A: Tomada de decisões, busca de soluções etc.

■ BALÕES (VER p. 138; item a.)

CASOS ESPECIAIS

Bipessoal

■ A VIDA SOBRE UMA LINHA (EXERCÍCIO COM LÁPIS E PAPEL)

Distribui-se lápis, borracha e uma folha de papel.
I: "Vocês vão traçar uma linha que simbolizará sua vida. O começo, o nascimento, será perto do canto superior esquerdo do papel; siga pela borda, até o próximo ângulo, onde se situará a adolescência. Descendo pela direita será a juventude; do ângulo inferior direito até a esquerda a maturidade e, depois, para cima, o resto da vida". (É óbvio que essas instruções devem ajustar-se à idade do indivíduo.)

"Com o sinal mais (+) você expressará os momentos importantes, considerados experiências positivas, distribuindo-as nos pontos da linha que correspondem ao seu tempo. Pode colocar ao lado de cada + uma palavra de recordação e a data."

"A mesma coisa farão com o sinal menos (-) relacionado a experiências consideradas negativas."

V:
1. No lugar das linhas retas podem ser introduzidos ângulos e curvas para representar as diferentes transformações da vida.
2. Pode-se utilizar em grupo, e no final todos juntos comentam, dramatizando alguns dos pontos dos gráficos.

Duplas ou casais

■ COM A CORDA (VER p. 148, item c.; EXERCÍCIOS)

■ MEU CORPO-SEU CORPO

I: "Cada um observa e explora seu próprio corpo (um espelho de corpo inteiro facilita este exercício), detendo-se em suas próprias características". Finalizada esta parte, continuamos:

"Cada um vai explorar (decidem quem na dupla será o primeiro), com os olhos e depois com o tato o corpo do outro. Pode fazê-lo de pé ou deitado."

Ambas as partes do exercício devem ser realizadas sem pressa, detidamente, sendo depois acompanhadas de um comentário sobre as semelhanças e diferenças, o que nos agrada e desagrada no nosso corpo e no corpo do outro etc.

■ DOMINADOR *VERSUS* DOMINADO (LEVINTON)[4]

I: "Cada cônjuge (por turno predeterminado) deita-se no chão de bruços. Depois o outro cônjuge coloca-lhe o pé sobre as costas, em atitude triunfante".

Permanece assim dois minutos *sem falar*. Em seguida trocam os papéis.

Depois de permanecer dois minutos nessa posição, cada um dos cônjuges deverá expressar ao outro como se sentiu, deitado no chão impotente, e quando estava com o pé sobre as costas do companheiro.

---

4. Levinton, F. *Juegos psicológicos para parejas*. Buenos Aires, Salva Juro, 1985.

Família (ver no final de jogos)

Infância e adolescência (ver no final de jogos)

JOGOS
INICIAR O GRUPO

- EU, MEU AMIGO (VER EXERCÍCIOS)

- AUTO-APRESENTAÇÃO (SCHÜTZENBERGER)

"A pessoa apresenta-se a si mesma, tal como é nos papéis que interpreta na vida, e cita diferentes personagens do seu mundo pessoal. Começa mencionando seu nome, sobrenome, idade, situação familiar, problemas, rede de pessoas de seu círculo social, com o conjunto dos que fazem parte de sua vida emocional (vivos ou mortos, presentes ou ausentes em sua vida cotidiana; seu grupo pessoal, profissional e social, que ela vai descrevendo à medida que a cena demandar). Mais tarde, costumamos induzir o participante a representar uma cena com um ou vários ego-auxiliares"[5].

- APRESENTAÇÃO POR DUPLAS (FRITZEN)

"O animador começa explicando que o trabalho que vão realizar exige que todos se sintam à vontade. Isto exige que todos saibam 'quem é quem'. Não se chega a conhecer o grupo se os indivíduos não se conhecem. Pode-se conseguir isto de várias maneiras. Neste exercício, faremos a apresentação em pares:
1. O animador pede a todos os participantes que formem subgrupos de dois, de preferência entre pessoas desconhecidas.
2. Durante uns seis ou sete minutos, cada duas pessoas se entrevistam mutuamente.
3. De volta ao grupo maior, cada pessoa fará a apresentação do companheiro que entrevistou.
4. Ninguém poderá fazer sua própria apresentação.
5. Cada pessoa deve ficar atenta e constatar se a apresentação feita por seu companheiro está correta e corresponde aos dados que ela forneceu.

---

5. Schützenberger, *op. cit.*, p. 84.

6. A seguir, o animador pede aos participantes que expressem sua opinião sobre a apresentação feita pelo seu companheiro e sobre a importância que este exercício teve para eles."[6]

■ RETRATO DE FAMÍLIA

I: "Cada um de vocês pode representar sua família com os companheiros de grupo. A idéia é fazê-los posar para uma foto de família, e como vocês imaginam que eles mesmos se posicionariam, tanto em relação ao lugar como à postura. Inclua-se também".
V:
1. A família que desejaríamos ter (a mesma família, mas situada em lugares e posições segundo o desejo do protagonista).
2. A família fantasiada (pode juntar ou tirar membros, mudar as idades etc.).
D: Solilóquio da própria personagem e dos papéis restantes.
Comentário comparativo sobre as diferentes famílias retratadas no grupo.
A: Contato com a estrutura da própria família e com seu desempenho na rede familiar.
Encontro e contato com outras famílias, ou seja, outras estruturas, outros papéis, outros mitos.

■ VIAGEM DE NAVIO, DE TREM ETC.

I: "Vocês vão juntos empreender uma viagem a um país desconhecido. Estão na sala de espera na estação de ônibus. O ônibus sairá dentro de 20 a 30 minutos. Ainda não conhecem ninguém. Poderão conversar ou não com os outros passageiros. Neste caso, comentarão o que temem e o que esperam dessa viagem.
A: Etapa caótica e fundamental.
Nota: Se isso aconteceu quando o grupo teve início, essa viagem poderá ser repetida em outro momento.
I: "Continuam naquela viagem que iniciaram há ... Numa das paradas, comentarão o que viveram até agora e o que esperam do restante da viagem".

■ "TEMA" (BOUR)

I: "Cada um de vocês vai pensar num tema, vale qualquer tema, qualquer cena, qualquer situação. Ninguém diz nada até que todos — a

---

6. Fritzen, *op. cit.*, p. 12.

maioria — tenham decidido". Reserva-se um tempo e, se quando indagados a maioria responder afirmativamente, sugerimos que se exprimam. Se for possível, anotamos numa lousa e votamos levantando a mão. O que obtiver mais votos se tornará o tema que será encenado: "Cada um pode eleger uma personagem que tenha a ver com o tema, e tanto pode ser uma pessoa como um animal, um vegetal ou um objeto". Passam para o cenário e começam a dramatizar os papéis escolhidos. A linguagem empregada pode ser correspondente ao papel, ou se aceita o uso da palavra.

Por exemplo: tema escolhido: o campo, papéis escolhidos: um viandante, uma árvore, uma pedra, um cachorro, uma formiga, o guarda, o gramado...

D: Improvisando. Podem introduzir um ou mais terapeutas. No final, o solilóquio partindo do papel.

A: Análise do momento do grupo, da rede sociométrica e dos papéis de cada membro.

M: Qualquer momento ou fase.

■ ESTRANGEIROS NUM PAÍS EXÓTICO

I: "Sem saber o motivo, vocês se encontram num país exótico. Ninguém conhece o idioma. Precisam comunicar-se sem palavras para conseguir qualquer coisa que necessitem ou desejem".

A: Falta de comunicação. Excesso de racionalização e verbalização. Os subgrupos não se comunicam bem.

■ AS ILHAS

I: "Cada pessoa está sozinha numa pequena ilha. Busquem no espaço sua ilha. Imaginem como ela é".

Reservamos um tempo para o aquecimento e continuamos:

"Veja se você quer entrar em contato com o espaço que o rodeia ou quer comunicar-se com os habitantes das outras ilhas. O que você deseja e o que tem para oferecer. De que forma vai se comunicar etc.".

A: Momentos de isolamento e falta de comunicação entre os membros do grupo.

■ A CAIXA DE CRISTAL

Começa-se com cada um escolhendo um lugar no chão; deitam-se e relaxam com a ajuda do monitor.

I: "Imaginem que estão numa caixa de cristal. Delimitem vocês mesmos os contornos. Sintam o conforto dentro da caixa. A temperatura é agradável e há espaço para se movimentarem. A caixa está flutuando dentro do mar. Reservem um tempo para desfrutar suas sensações".

D: "Quando desejarem, a caixa se abre; basta um empurrão. Vocês se encontram no fundo do mar. Comecem a nadar lenta e suavemente, enquanto sobem à superfície".

"Quando quiserem, podem tirar a cabeça para fora da água e respirar. O corpo continua flutuando."

Oferecemos uma ou mais bolas leves de plástico, deixando-as rolar.

"Podem segurar essa bola e passá-la uns aos outros. Depois, pouco a pouco, voltem a flutuar, relaxados."

A: Experiência de regressão ao nascimento e encontro com os outros.

■ ISOLADOS PELA NEVE (POBLACIÓN)

I: "Comecem a levantar-se e procurar um lugar em todo o espaço disponível. O espaço pessoal". Esperamos até que todos se situem. "Cada um está numa cabana isolada no meio da neve. Parece que o mundo inteiro está nevando, não se vê mais nada além da neve e, ao longe, entre os flocos, outras pequenas cabanas. Fiquem à vontade e observem seu refúgio. Estão sozinhos. Tomem consciência de seu isolamento e de sua solidão. Como estão vivendo? De forma agradável ou desagradável?" Damos um tempo para o aquecimento. "Continuam isolados. Quem sabe alguém está querendo contatar-se com o habitante de outra cabana, mas não há telefone. É preciso arriscar-se a sair no frio, atravessar o campo gelado ... sem ter certeza de como será recebido ..."

D: Esperamos os prováveis contatos, favorecemos os solilóquios nas cabanas, no caminho e depois nos encontros.

A: Quando falta a comunicação expressa e predomina o silêncio e o "frio" na relação.

■ O ORFANATO

I: "Imaginem que vocês são bebês (ou crianças de 3, 5 ou 7 anos) cujas mães (a família) os deixaram num orfanato. Vocês estão num salão de recreio. Pode ou não haver empregados".

À medida que vão se aquecendo, dirijam-se para o espaço delimitado como salão do orfanato.

A: Tomada de consciência da solidão e de outros sentimentos como medo, ansiedade etc., que surgem no início do grupo. Necessidade de contato e de orientação. Ambivalências que essa situação ocasiona.

■ MEU NOME VERDADEIRO (MORENO)

I: "Quando somos pequenos nos dão um nome, mas esse nome não

nos representa, pois o compartilhamos com outras pessoas, e ele nada diz a nosso respeito. Sugiro que façamos como em certas tribos, em que a cada pessoa é dado um nome que se refira a algum traço seu pessoal. Vamos todos propor um novo nome a cada um dos presentes, só que esse nome deve ser aceito por aquele que o recebe".
A: Aceitação e integração do grupo.

CRISTALIZANDO A MATRIZ

Criar o grupo

a. Criando o grupo (todos os exercícios)

b. Entrando num grupo criado (todos os exercícios)

c. Recuperando a confiança (todos os exercícios)

d. Fantasia-realidade

■ A FAMÍLIA DESEJADA

Pode ser realizado por um, vários ou todos os membros do grupo.
I: "Muitos de vocês não estão satisfeitos com a família à qual pertencem. Agora têm a oportunidade de construir sua família desejada ou ideal".
(Ao protagonista): "Comece a designar os papéis de seus companheiros de grupo, que vão ocupar o cenário para construir a sua família desejada. Diga-lhes quem são, como devem agir e comportar-se. Coloque-os agora numa situação rotineira familiar e improvise a cena a partir dos papéis que lhes foram atribuídos. Se eles não atuarem de acordo com seu desejo, você pode corrigi-los até que representem sua família ideal".
D: No transcorrer do jogo, o protagonista pode mostrar, dramatizando, como os demais devem agir. Fazer diversas cenas com todos, com alguns etc.
V: Demonstrar a família desejada, por meio de esculturas.
A: Materializar a família interna, imaginada.

■ A TENDA MÁGICA

I: "Vamos construir um mercado, onde existe uma tenda mágica. Precisamos de compradores e vendedores".
Depois de escolhidos os papéis, delimitamos a tenda, a vitrina, as estantes etc.

"Nesta tenda encontramos de tudo: objetos reais e imaginários. O comprador pode pedir qualquer coisa, desde objetos reais até sentimentos ou fantasias ... O vendedor só dará o que lhe pedem se receber em troca o que quer. A troca será então negociada."

A: Explorar o que se deseja consciente ou inconscientemente, por meio do simbolismo da fantasia. Limites entre fantasia e realidade.

■ TESTE DE MANIFESTAÇÃO DO DESEJO (POBLACIÓN)

Baseia-se na aplicação do teste de manifestação do desejo de Córdoba-Pigem.

I: "Escrevam (pensem ou lembrem) o que mais gostariam de ser, entre tudo o que existe no universo, que não seja um ser humano. Depois, o que gostariam de ser em segundo e terceiro lugar".

"Em seguida, escrevam o que menos gostariam de ser e, também, apontem escolhas que fariam em segundo e terceiro lugar."

Passado algum tempo, todos compartilham. A seguir, cada um, sucessivamente, representa um dos seus desejos e uma de suas aversões. O terapeuta ajudará o protagonista em seu *role-playing*, e tentará fazer com que ele se dê conta do que há de negativo em seus desejos e positivo em suas aversões.

Esse jogo costuma suscitar extensos comentários do grupo.

A: Integração dos aspectos desejados e rejeitados. Em momentos nos quais o grupo busca a individualização.

■ O MAR SEM PEIXES (POBLACIÓN)

I: "Durante alguns minutos, cada um, mentalmente, vai construir uma história partindo da seguinte situação: Imaginem que estão numa praia solitária, contemplando o mar. Dispõem apenas de uma vara de pescar, uma sardinha e todo o mar, mas nessas águas não há peixes".

No final, todos contam sua fantasia, analisam-na e comentam com o grupo.

A: Reportar-se a uma situação frustrante, em última análise, à realidade de que não existe uma mãe nutridora. Também pode-se abrir uma brecha para a fantasia/realidade.

Momentos de dificuldade no crescimento do grupo, nos quais os integrantes se refugiam na fantasia.

■ O JARDIM DO ÉDEN

■ "TEMA" (BOUR) (VER p. 157, JOGOS)

I: "Vamos construir o jardim do Éden. Cada um pode escolher seu papel no Paraíso. Pode ser objeto, planta, animal, Adão e Eva ... ". Quando os papéis forem estabelecidos e compartilhados, improvisamos a cena.

D: Quando eles estiverem mergulhados na situação edênica, anunciamos: "O Anjo exterminador está se aproximando para acabar com o Paraíso. Vai transformá-lo num jardim normal, no qual vocês continuarão com seus papéis mas com as limitações da realidade que não existiam no Éden. Continuem imaginando".

A: Contraste entre a realidade e a fantasia.

■ AO INFERNO COM VIRGÍLIO E AO CÉU COM BEATRIZ (POBLACIÓN)

I (Ao protagonista): "Você terá a oportunidade de viajar ao inferno e ao céu. Escolha um acompanhante que represente Virgílio para descer ao inferno, e outro que represente Beatriz para subir ao céu. (Podem ser companheiros do grupo ou membros da equipe terapêutica.) A primeira viagem é para o inferno. Comece a vagar pelo espaço e imagine o que e quem você encontra, e em qual situação. Podem ser pessoas ou o diabo. Pode conversar com eles".

Ao terminar a jornada ao inferno, passamos para a viagem ao céu, trocando de acompanhante.

"No Paraíso você se encontra com pessoas, anjos, deus... em diferentes situações. Pode travar conhecimento com eles..."

É importante que os egos-auxiliares se aqueçam para improvisar seu desempenho no papel para o qual foram requisitados.

A: Exploração de fantasias desejadas e temidas; relacionamento com personagens interiores e exteriores; papéis psicodramáticos.

Primeiro encontro com os deuses

a. O bebê

■ AS SEMENTES

Começa-se com um exercício de relaxamento; todos deitados, luz fraca; podemos colocar uma suave música de fundo. Olhos fechados, em silêncio.

I: "Cada um é uma semente. Está enterrado, a terra é úmida, quente e agradável. A semente está madura e germina. Começa a brotar e a planta nasce". Tudo isso deve ser dito com pausas, lentamente, dando tempo para cada passo. "A planta cresceu. Que planta sou eu? Levantem-se, de acordo com a planta que são ..." Quando todos se transformaram em planta, perguntamos: "Como você se sente sendo uma planta?".

Mais tarde: "Podem abrir os olhos e olhar ao seu redor. Querem falar com as outras plantas?".

A: Exercício que dá lugar a um retorno à matriz de identidade e ao posterior encontro com o ambiente social.

■ O ORFANATO

b. As figuras míticas

■ DEUSES E HOMENS

I: "Alguns serão homens, outros deuses. Escolham". Reservamos o tempo necessário. "Os deuses subirão em nível elevado e os homens permanecem ao nível do chão." (Ou, os deuses de pé e os homens sentados no chão.) "Improvisem seus papéis."

Após certo tempo sugerimos que invertam os papéis e que, no final, todos sejam iguais.

A: Fase de fundamentação e sempre que surgirem situações latentes de onipotência/impotência, superioridade/inferioridade. (Fase familiar, subfase de dependência.)

■ TODOS SÃO DEUSES

I: "Cada um de vocês será um deus. Subam nesses cubos[7] e deixem-se invadir por sua deidade, sintam-se deuses, estão no céu..." (fazemos um aquecimento para evitar sempre que possível um jogo racional). "De onde estão, podem, se quiserem, relacionar-se com outros deuses e com os humanos, que estamos aqui embaixo, na terra."

D: Travam-se conversas entre "deuses," e entre "deuses" e humanos. A equipe terapêutica tentará mobilizá-los e ajudá-los a entrar em contato com os prós e principalmente com os contras na atitude de auto-endeusamento.

A: Identificação com os mitos, megalomania, narcisismo.

■ CÉU-TERRA-INFERNO

O modo mais fácil de praticar este jogo é quando dispomos do cenário moreniano dos três níveis; caso contrário, temos de improvisar

---

[7]. Nós utilizamos nos grupos pufes rígidos, de forma cúbica, muito úteis para jogos deste tipo, para configurar espaços, usá-los como cadeiras, mesas etc. Se não temos à mão nenhum lugar onde nos sentar (cadeiras, estrados...), os participantes podem ficar de pé e o terapeuta, os observadores e algum membro que não queira participar do jogo sentam no chão.

com objetos e dentro do espaço de que dispomos. O importante é delimitar bem os três contextos: (céu, terra, inferno), com suas devidas conotações.

I: "Dividam-se em três grupos. Cada grupo irá situar-se num dos três espaços. Depois de algum tempo irão mudar de lugar, para que possam experimentar cada nível".

D: "Agora que alguns estão no céu, outros na terra e o restante no inferno, abandonem-se à situação, permitam-se perceber o que significa para vocês estar nesse espaço, quais os sentimentos que emergem, como vêem os que estão em outros níveis... etc. Podem comunicar-se com os companheiros do mesmo nível e também com os outros".

Sugerimos solilóquios. Como já dissemos, todos terão a opção de vivenciar os três níveis.

A: Os três níveis, enquanto espaços arquetípicos, são símbolos que podem conduzi-los a diversos conteúdos: "Felicidade, normalidade, infelicidade". "Superioridade, igualdade, inferioridade." "Idealização, utopia." "Realidade, o que se teme" etc.

■ ESCOLHA DE ADÃO E EVA

I: "Vamos ter conosco Adão e Eva, nossos primeiros pais. Podem ser representados por pessoas escolhidas no grupo, por cadeiras, ou até mesmo podemos construí-los com diversos objetos, aos quais atribuiremos qualidades, defeitos etc.".

Elege-se a maneira de votar e "constroem-se" as imagens de Adão e Eva, quer conferindo-lhes as características de sua personalidade, se forem membros do grupo, quer "fabricando-as" com diversos objetos simbólicos.

V: Podem ser desenhados na lousa por todo mundo.

A: Exploração das imagens míticas das cenas ocultas das primeiras etapas do desenvolvimento infantil.

■ CONSTRUINDO A FIGURA MÍTICA (POBLACIÓN)

I: "Vamos todos construir a imagem do deus que vocês criaram. Cada um pega os elementos que quiser: cadeiras, almofadas, prendas ou qualquer objeto que se encontra nesta sala...".

D: Insistimos na colaboração de todos, e, se quiserem, podem usar cartolina e cores (em duas ocasiões, em grupos diferentes, chegamos à figura de um triângulo com um grande olho desenhado).

Cada membro do grupo comenta sua visão, percepção e vivência diante da figura construída.

V: (Passamos a "Manifestando-se diante do mito"). Cada participante se coloca na frente da figura construída e a interpela, questiona, realiza a troca de papéis etc.

A: Na primeira variante materializamos a figura mítica latente no grupo; na segunda, questionamos nossa relação com ela.

MINHA FAMÍLIA E EU

Vejamos a dependência

a. As figuras de autoridade

- RETRATO DE FAMÍLIA (VER p. 157)

- NO COLÉGIO COM O PROFESSOR

I: "Estamos na classe com um professor. Escolham a matéria, o curso e as idades, quem será o professor ... Improvisem".
D: Apresentamos diversos tipos de professores.
V:
1. Durante um exame.
2. Vários professores.
3. Expulsão de um aluno por um conselho deliberativo de professores.
A: Exploração de relações com figuras de autoridade.

- FESTA INFANTIL COM OS PAIS

I: "Vamos comemorar uma festa infantil. Vocês são crianças entre 6 e 8 anos. A festa é na casa de um dos meninos, e o pai atua como anfitrião. É seu aniversário. Os pais de outros alunos também podem estar presentes".
"Assumam os papéis, revelem-no e comecem a improvisar."
A: Relações diretas com os pais, como figuras de autoridade, dentro de um grupo de crianças da mesma faixa etária.

b. Com os amiguinhos

- CONTO EM GRUPO

I: "Vamos todos juntos inventar um conto; depois realizaremos a dramatização. Fiquem deitados (ou sentados), formando um círculo com as cabeças para dentro. Quem quiser, diz a primeira frase do conto, e cada um, seguindo os ponteiros do relógio, acrescenta uma breve frase que tenha ligação com a frase anterior. Daremos duas ou três voltas e terminaremos no que vem antes daquele que começou".

Convém que o monitor ou o observador tomem nota, para poder ler o conto completo no final. Elegem-se os papéis — humanos ou não, que aparecem na história — e começa-se a dramatizar.

A: Qualquer momento em que se deseja explorar a cena latente no grupo e os papéis que cada um assume na rede sociométrica da referida cena. O terapeuta costuma ser caracterizado como uma figura do relato.

■ NO RECREIO

I: "Vocês são crianças e estão na escola. Decidam qual a idade de vocês e compartilhem este dado com os companheiros, para que todos saibam a idade de todos". Tempo. "Estão na hora reservada ao recreio. Brinquem à vontade, mas tenham em mente a idade que escolheram. O recreio dura 15 minutos".

O grupo ou o terapeuta decide se inclui ou não um professor para tomar conta dos alunos, que poderá ser um membro do grupo ou da equipe terapêutica.

A: Regras básicas de relacionamento entre iguais.

■ "CABULAR" EM GRUPO (POBLACIÓN)

I: "Vocês são garotos e estão na escola. Os que estiverem a fim de cabular aula reúnam-se para combinar. Decidam quem vai, quais as idades e aonde vão...".

D: Improvisar o jogo, aonde irão, o que pretendem fazer, como se encontrarão.

V: No decorrer da dramatização, podem incluir professores, polícia, pais...

A: Agrupamento entre duplas, pertinência ao grupo de iguais, capacidade de cooperação, organização hierárquica na turma etc.

■ O CORPO DO GRUPO

I: "Com a participação de todos, vamos construir um corpo humano. Cada um decidirá qual parte pretende ser. Não importa se vários queiram ser a mesma".

Comentários, do lugar em que se encontram, emocional.

Saída de um por um para formar o conjunto e tecer seu próprio comentário.

Comentário geral do grupo depois que todos estão de volta.

Observar em que parte cada membro se constituiu. Observar se o corpo "funciona" harmonicamente ou não. Observar o que esse corpo faz.
A: Diagnóstico do grupo: cabeça ou corpo? Tinha sexo? Membros superiores e membros inferiores? Interpretação compartilhada do corpo como um todo e da posição de cada um na rede completa.
Comentar quais as partes que foram mais valorizadas e quais as mais reprovadas. Por quê? Espírito do corpo. Ver o espírito e desenvolvimento do grupo.
Qualquer fase do grupo.
V: Construir o corpo com prendas, objetos, lenços etc.

Lutando contra a dependência

a. As figuras de autoridade

- A TRIBO E O MISSIONÁRIO (POBLACIÓN)

I: "Neste jogo, todo o grupo é uma tribo que vive na selva, isolada da civilização, com sua própria cultura e costumes. Um de nós será o missionário que quer converter a tribo à sua religião, definindo-lhes novas normas de vida".
D: Começa-se a escolher o missionário; pode ser qualquer pessoa, mas é comum que nesta fase de contradependência prefiram que o terapeuta desempenhe esse papel. O terapeuta também pode tomar a iniciativa de atribuir a si mesmo o papel de missionário.
A partir da função de missionário, critica-se a religião e os costumes da tribo ... Geralmente o missionário acaba na fogueira ou na caçarola.
A: Poder evidenciar por meio do *como se*, com humor, a latência da contradependência.

- MANIFESTANDO-SE DIANTE DO MITO (VER p. 164, item b.)

- FAZENDO TRAVESSURAS

I: "Vocês são garotos na escola, podem escolher a idade do papel que representam, freqüentam o mesmo curso ou cursos diferentes. Combinem. É importante que todos saibam a idade dos companheiros e a classe em que estão. Podem introduzir um ou vários professores. (O terapeuta pode se oferecer para isto, se for requisitado ou se considerar conveniente.) Depois de constituídos os papéis, podem organizar e realizar as travessuras que lhes passarem pela cabeça".
A: Capacidade de brincar numa área de liberdade ou de enfrentar figuras de autoridade.

■ DISCUTINDO COM O LÍDER

I: "Peço três voluntários para discutir comigo temas de interesse, na presença do restante do grupo".

D: A certa distância do grupo, para que ninguém os ouça, o terapeuta combina com os voluntários um tema a ser debatido. Voltam ao grupo e situam-se no espaço-cenário, de frente para todos.

O terapeuta atuará com ares de superioridade, de maneira ostensivamente autoritária e injusta, interrompendo e criticando os voluntários, inventando dados, contradizendo-se. Sempre com a máxima seriedade.

Depois do debate, pedimos aos voluntários e ao restante do grupo que expressem suas impressões e associações com outras experiências de sua vida.

No fim, revelamos, se é que ninguém tenha percebido, que o terapeuta fingiu.

■ O DEUS E OS SERES HUMANOS (CONSTRUINDO A FIGURA MÍTICA) (VER p. 164)

■ PAVILHÃO DA CADEIA

I: "Estamos num pavilhão da cadeia. Pode haver um ou dois carcereiros e os demais serão detentos: quem escolher o papel de carcereiro deve decidir que tipo de carcereiro deseja ser; os demais, por que motivo estão presos, qual a pena que vão cumprir, se a consideram justa ou injusta, se a aceitam ou estão revoltados, se planejam organizar uma rebelião, ou fuga etc. Partindo desse tema, preparem-se primeiro para o papel e depois improvisem 10 ou 15 minutos".

A: Sentimentos de culpa, de ser ou não vítima, atitude de carrasco, de autoridade justa etc. Relação com situações ligadas à matriz familiar.

b. Em cima e embaixo

■ O CEGO E SEU GUIA (EXERCÍCIOS)

■ CRIANDO UM EXÉRCITO

I: "A proposta é transformar o grupo num exército, um pequeno exército, com sua tropa e hierarquia de comando. Cada um pode escolher o papel que quiser, desde soldado raso até general".

Reserva-se um tempo para a escolha de papéis: "Decidam seu grau e brinquem, improvisando, o que está ocorrendo com esse exército".

D: Podemos lançar mão de técnicas fundamentais, principalmente a troca de papéis, propor e iniciar os jogos que forem aparecendo.

A: Explorar as posições hierárquicas e brincar com elas.
V: Fundar uma empresa com sua hierarquia de empregados e chefes, ou uma povoação etc.

■ A JAULA DOS MACACOS

I: "Imaginem que vocês são macacos e estão na mesma jaula. Os macacos não falam; portanto, só podem se comunicar com gestos e sons guturais".
D: Demarcamos a jaula. Indicamos sua localização e há quanto tempo estão dentro dela. Se todos chegaram ao mesmo tempo ou não. Que raça de macacos são, qual o sexo e idade. Onde moravam antes de serem postos na jaula. Depois que todos esses dados foram compartilhados, a interação começa.
O terapeuta pode intervir.
A: Facilita o aparecimento e a manifestação de conteúdos instintivos (sexo, luta, territorialidade, aliança, cooperação). Exploração da organização hierárquica.

c. Competindo

■ BAILE ESTUDANTIL

I: "Vocês estão num apartamento de estudantes e organizaram uma festa com dança. Combinem se a festa foi decidida por todos, ou se alguns tiveram a idéia e convidaram os outros. De quem é o apartamento, como se organizaram, quem vem chegando e quem está recebendo. Há CDs e fitas com diversas músicas. Podem manejar as luzes".
D: O terapeuta pode "convidar-se" ou "bancar o penetra", se achar oportuno intervir para introduzir variantes ou mobilizar o grupo. Se não interferir diretamente no papel, pode dar sugestões, como: "Tenho a impressão de que essa música está chateando o pessoal", "há uma garota ali, que parece meio deslocada ...". E, como sempre, com dublagens etc.
A: Exploração dos relacionamentos intergrupais, das atrações/repulsões afetivas e sexuais, e da competitividade nessa área.

■ A BALSA E OS TUBARÕES

Demarcamos o espaço do barco com um tapete ou colchonete (ou riscando o piso com algumas listas), e pedimos que "subam à balsa".
I: "Vocês estão dentro de uma balsa, num mar infestado de tubarões.

Quem cair na água, será devorado. O barco não agüenta o peso de tanta gente; se um ou dois não forem retirados, ele afunda e morrem todos... Atenção! O barco está afundando!".
A: Competitividade, agressividade/culpa, auto-afirmação.

■ A HORDA DE SERES PRIMITIVOS

I: "Imaginem que vocês são um grupo de seres primitivos, de Neandertal, por exemplo, que de um modo mágico foram transportados pela ação de um tornado ou por meio de um disco voador, a uma nova terra, desconhecida".

Demarcamos no espaço, com os assentos, algumas grutas, um bosque, um riacho e um grupo de gazelas... elementos que, supomos, serão úteis ao jogo.

"Acabam de chegar a uma nova terra."

O monitor anunciará o aparecimento de feras selvagens, chegada da noite ou qualquer outro acontecimento que lhe parecer pertinente para dinamizar o jogo.

■ A JAULA DOS MACACOS (VER p. 170)

d. Para trás. Para a frente

■ ENTRE PINTO E VALDEMORO (POBLACIÓN)

Traçamos no chão uma linha divisória imaginária. De cada lado encontra-se um pólo:
O presente/o futuro
Sozinho/acompanhado
Solteiro/casado
Criança/adulto etc.

I: Dizemos ao protagonista: "Construa o mundo em cada um dos lados com a ajuda dos seus companheiros. Em seguida, explore ambos os mundos. Todos os participantes improvisam, assumindo os papéis que lhes foram designados".

Deixamos que o protagonista inicie sua pesquisa.

"Procure dar-se conta de como você se sente em cada lado da linha. O que ganha e o que perde."

No fim, comentário geral.

A: Dúvidas ao enfrentar uma mudança. Luta interior. Paradoxo existencial.

Planejando a independência

a. Criando os próprios espaços

- A HORDA DE SERES PRIMITIVOS (VER p. 171)
- A JAULA DOS MACACOS (VER p. 170)
- O TERRITÓRIO PRÓPRIO

I: "Procurem seu lugar dentro do grupo. A idéia é encontrar o espaço próprio, sem abandonar a sensação de pertencer a este grupo".
V:
1. Começam mudando de lugar no círculo de participantes, para ficar junto e diante de quem escolheram.
2. Espalham-se pelo espaço disponível, mais perto ou mais afastados dos outros. Determinam os limites do seu próprio território e o exploram. Declarem depois se desejam ou não que alguém penetre nesse território, quem e sob que condições etc.

A: Conciliar agrupamento e individualidade.

b. Demarcando a igualdade

- OS PRESENTES

I: "Todos darão um presente a cada um dos seus companheiros. Os presentes poderão ser de qualquer tipo: objetos, sentimentos, valores etc., sempre no plano imaginário. Devem ser oferecidos 'de coração', quer sejam de natureza positiva, quer negativa".

D: Cada participante se aproxima de um dos seus companheiros, "entrega" seu presente e recebe outro. Após um período de reflexão interior (no qual o terapeuta pergunta: Vocês gostaram ou não gostaram do que receberam? Com que intenção presentearam? Ficaram satisfeitos com a troca? Que pretenderam dizer quando oferecerem e que significou para vocês o que ganharam? etc.) passamos, a seguir, para o comentário geral.

A: Facilitar simbolicamente a interação, quando esta for difícil, por meios simbólicos.

- O CHURRASCO NO CAMPO

I: "Um grupo de amigos resolve passar o dia no campo e organiza um churrasco. Combinam quem levará a carne, o pão, os demais ingre-

dientes, as bebidas ... Quando chegam ao local, fazem o fogo, assam a carne... e comem. Improvisem a situação".
V: Podem organizar uma viagem, uma festa, uma feijoada etc.

■ O CEGO E SEU GUIA

■ A TROCA DE UM SEGREDO (FRITZEN)

1. O animador distribui um pedaço de papel a cada um.
2. Os participantes deverão escrever nesse papel a dificuldade que sentem no relacionamento e aquilo que não lhes agrada expor em público verbalmente.
3. O animador recomenda que disfarcem a letra para que o autor não seja reconhecido.
4. Todos dobram o papel da mesma maneira. Depois de recolhidos os papéis, são misturados e distribuídos entre os participantes.
5. O animador pede a cada um que tome para si o problema que apareceu no papel que retirou e represente como se tivesse sido ele mesmo o autor, esforçando-se para compreendê-lo.
6. Cada um lê sua tarefa em voz alta, empregando a primeira pessoa — "eu"; realiza as adaptações necessárias e busca a solução para o problema.
7. Ao explicar o problema aos outros, cada um deverá tentar personalizá-lo.
8. Durante a exposição, perguntas e discussões não são permitidas.
9. No final, o animador poderá dirigir o debate sobre as reações, formulando as seguintes perguntas:
- Como você se sentiu ao descrever seu problema?
- Como se sentiu ao expor o problema do outro?
- Como se sentiu quando o outro relatou o seu problema?
- Na sua opinião, seu problema foi bem compreendido pelo outro?
- O outro conseguiu colocar-se na sua posição?
- Você acha que teve condições de entender o problema do outro?
- Como você se sentiu em relação aos demais membros do grupo?
- Você acredita que em consequência desses exercícios seus sentimentos em relação aos outros irão modificar-se?[8]

c. Confirmando os instintos

■ A SELVA

Delimitamos o espaço cênico que irá formar a selva. Todos saem do local.

---
8. Fritzen, *op. cit.*, pp. 46-7.

I: "Imaginem que vocês são animais selvagens. Qualquer animal. Depois que todos tiverem escolhido, passem para o cenário. Quando se encontrarem dentro da floresta, tanto os movimentos quanto a forma de se comunicar devem corresponder ao animal que estão representando".

V. "Imaginem que vocês são qualquer animal, vegetal ou mineral que pode ser encontrado na selva, exceto um ser humano..." (o resto não muda).

A: Ambivalência na manifestação de movimentos instintivos: sexo, agressividade.

Facilitador de uma manifestação mais direta. Tomada de consciência das inibições nessa área.

■ BAILE ESTUDANTIL (VER p. 170)

■ A JAULA DOS MACACOS (VER p. 170)

■ A ILHA DESERTA

Delimitamos no cenário o local em que será a ilha. É facultativa a colocação de árvores, grutas, riacho, ou qualquer outra coisa à nossa escolha. Todos ficam fora do local.

I: "Vocês são náufragos que chegaram a nado nesta ilha. Está deserta e fora da rota dos navios. Não sabem quanto tempo vão permanecer aqui".

V: Em dado momento, o terapeuta pode avisar que há rugidos de animais carnívoros, que é noite, ou que já se passaram dias ou meses.

Em vez de náufragos, pode ser um grupo de homens de Neandertal ou de extraterrestres que aportou nesta ilha. Por não poderem usar palavras, a organização e as relações tornam-se mais primárias.

A: Fase familiar, em qualquer de suas subfases.

Fase de estruturação.

d. Encontro com a morte

■ MINHA PRÓPRIA MORTE[9]

Todos sabemos que vamos morrer, mas agora *saberemos de verdade*. Vamos morrer em alguns minutos.

---

9. Tanto este jogo como "Perda de um ente querido" são tirados de nosso seminário "Encontro com o duelo, a morte e o morrer", realizado pela primeira vez em Bilbao (1993) e publicado no nº 140 da revista *Informaciones Psiquiátricas*.

"A idéia deste exercício é fazer-nos entrar em contato com a fantasia de nossa própria agonia e morte. Começaremos escolhendo um par. Na primeira metade do exercício, um dos parceiros viverá a experiência e o outro ficará a seu lado como monitor; sua função será ajudar o companheiro no aquecimento, sem representar nenhum papel de amigo ou parente. Depois de meia hora invertemos os papéis e o monitor passa a viver sua própria experiência." (Escolha da dupla.)

"Decidam agora quem será o primeiro a viver a experiência."

"A experiência consta de três partes, que denominaremos de agonia, morte e nova oportunidade." Ou seja, a pessoa que vive a experiência, deitada, tendo o monitor a seu lado, estabelece que em primeiro lugar está *agonizando*, o que dará lugar a reflexões sobre o que está sentindo (sensações e sentimentos: pena, raiva, solidão, tranqüilidade, impotência etc.), o que deixou pendente, sem fazer e dizer, o que planejam os que estão vivos (filhos, cônjuge, pais), o que se teme e o que espera 'do outro lado' (outra vida, castigo ou prêmio, reencarnação, nada...)."

Num segundo momento se passará à *morte*, "*estou morto*", que vivência isso traz: dissolução, nada, saudade, raiva, rebeldia, paz, tranqüilidade, pena... Aceitação ou não do "nunca mais".

■ PERDA DE UM ENTE QUERIDO

I: "Pensem num ente querido que vocês têm medo de perder. Pode ser um filho, um dos pais, o cônjuge, um grande amigo... Não se fixem apenas naqueles cuja morte é previsível em função de sua idade ou doença. A morte pode nos surpreender por meio de uma enfermidade fulminante ou de um acidente... Nunca se pode prever a morte de alguém. Por isso, vamos nos concentrar num ente querido, muito querido. Ele estará morto e vocês se encontram ao lado dele".

Escolha do ego-auxiliar: "Cada um de vocês escolherá uma pessoa que assumirá o papel do que imaginaram morto." (Tempo) "A única informação a ser dada é quem será o morto."

E: "Procurem seu lugar. O que fará o papel do falecido deita-se de costas no chão, mãos juntas sobre o peito. O que vive a experiência senta-se ao seu lado". (Esperar)

"Os que estiverem ao lado do morto, fechem os olhos. Pensem no ente querido que faleceu. Depois de concentrados, imaginem a causa da sua morte, quanto tempo faz (minutos, horas, um dia), se estavam perto dele ou se já o encontraram morto, se tiveram tempo de falar com ele, o que disseram.

Depois dessa reflexão, vejam se gostariam de dizer algo ao morto (mas em voz baixa, para não atrapalhar os demais). O que está simboli-

zando o morto não pode responder nem se mexer. Vejam se gostariam de tocá-lo ou não.
Dentro de 20 minutos eu os avisarei que o tempo terminou."
(Passados os 20 minutos, interromper, deixar 2 a 5 minutos para o encontro entre os participantes da dupla, e para que o ego-auxiliar comunique sua vivência como morto. Todos se levantam e depois de nova escolha, os que fizeram papel de morto realizam o exercício.)
Exercício da outra metade dos membros.
Comentário do grupo.

■ O ENTERRO (POBLACIÓN)

I: "Vamos encenar um enterro. O morto pode ser um objeto, um membro do grupo ou estar representado por um objeto; ou que o objeto represente algo que morre. O resto, ou todos, devem assumir os papéis dos parentes, amigos, coveiros, padres etc., qualquer personagem que possa estar presente nessa situação".
D: Com a direção psicodramática, nós os ajudamos a passar por todas as cenas que se concatenam nessa situação: velório, traslado, enterro, incineração, pêsames, despedidas etc.
A: Conforme o que fica estabelecido, pode tratar-se:
1. De uma dramatização imaginária, em que cada qual mentaliza o morto como alguém que faz parte de seu círculo afetivo ou que é ele mesmo.
2. Do mesmo modo, como dramatização simbólica, pode referir-se à morte do grupo, ao apego a antigos vínculos, a fantasias patológicas, e assim por diante.

■ AO MORTO A COVA, AO VIVO O BOLO (POBLACIÓN)

I: "É um costume ancestral em nossas (e noutras) culturas celebrar um banquete funerário depois do enterro. É uma forma de render homenagem de despedida ao morto e de garantir a vida aos que continuam vivos.
Em primeiro lugar, vamos escolher nosso morto (pode ser um membro do grupo, ou um indivíduo imaginário representado por um objeto, por exemplo). Vamos ver quem é, e o que somos dele: parentes, amigos, conhecidos...
Vamos agora velar o morto por alguns momentos, depois o enterraremos e finalmente celebraremos o ritual do banquete".
V: Sempre que possível, avisamos com antecedência para que todos tragam alguma coisa para comer ou beber. Foi o que fizemos num congresso.

A: Os rituais funerários como facilitadores do processo de dor. Refere-se a uma pedagogia do sofrimento.

O último toque

a. Que tal ser espontâneo?

- FAZER ALGO QUE NÃO SERVE PARA NADA (POBLACIÓN)

I: "Reservamos um tempo (15 a 20 minutos ou mais) para não fazer nada de útil ou fazer algo que não seja útil. Sozinhos, com um ou mais companheiros".
A: Atitude de exigência interior *versus* liberdade. Medo da liberdade. Fase de dependência e contradependência.

- IMPROVISANDO COM UM QUADRO (LÓPEZ BARBERÁ)

Expomos ao grupo um quadro ou o projetamos em *slide*. Preferimos quadros com figuras humanas ou surrealistas, ou do El Bosco ou Bruegel, o Velho. Temos usado pinturas de doentes mentais. O que queremos é que produzam impacto ou, pelo menos, certa mobilização.
I: "Olhem este quadro e comentem entre vocês o que acharam, durante alguns minutos. Escolham uma personagem do quadro como modelo a ser dramatizado. Pode ser um ser humano ou um objeto... qualquer imagem do quadro".
Após alguns minutos sugerimos que se levantem e comecem a interpretar os papéis que tiraram da pintura.
D: Como é comum nos jogos em que predomina a improvisação, costuma-se dar liberdade aos participantes até que a improvisação se esgote. O terapeuta, dentro do seu papel, também pode intervir. Antes do comentário do grupo, sugerimos o solilóquio.
A: Desenvolvimento da espontaneidade. Encontro do papel e seu aperfeiçoamento. Análise da rede sociométrica.

- PEDIR PARA FAZER UMA EXPERIÊNCIA (VER EXERCÍCIOS)

- A SACOLA MÁGICA

I: "Quem quiser, leva uma 'sacola mágica' cheia de coisas idealizadas pelo portador. Ele oferece o conteúdo da sacola aos companheiros, relata o que existe dentro dela e cada um escolhe o que mais lhe aprouver".
É uma variante da "tenda mágica".

■ OS PRESENTES (VER p. 172)

■ JOGO DAS PRENDAS (POBLACIÓN)

I: "Vamos brincar de jogo das prendas. É aquele jogo que todos conhecem (quem não conhece, peça aos que se lembram que expliquem). Trata-se de elaborar prendas que ajudem a jogar, desenvolver o talento, a improvisação etc."
Nomeia-se "a mãe", a quem se entregam as prendas, e o jogo começa. Aquele cuja prenda foi escolhida afasta-se, e o grupo cria a "prenda" que precisa representar.
D: Sugerimos que todos joguem, inclusive a "mãe". Ajuda a criar um ambiente lúdico, divertido e agradável.
A: Desenvolvimento da espontaneidade e criatividade. Jogam-se com os papéis temidos. Quanto ao grupo, pode atribuir "prendas" relacionadas com as dificuldades que os companheiros apresentam. Quando surge numa conversa o medo de expor-se ao ridículo, nós propomos que este aspecto seja aventado.
V: Jogo das prendas ou outros jogos de salão. Destina-se a brincar, desenvolver a habilidade de improvisar e mostrar a espontaneidade.

b. Aceitando minhas partes temidas

■ PAVILHÃO DE LOUCOS (POBLACIÓN)

I: "Vamos transformar o espaço cênico no pavilhão de um manicômio. Cada um escolhe o tipo de louco que quer simbolizar. Não é preciso especificar nem rotular a doença mental. Vocês vão apenas representar como o louco se comporta, o que pensa, o que diz e o modo como se relaciona".
D: No transcorrer do jogo, podemos sugerir que mudem o "tipo de louco", para que possam optar por outras formas de improvisação.
V:
1. Além dos papéis de "loucos", podem escolher o de psiquiatras, enfermeiros, serventes, familiares que os visitam etc.
2. Podem pensar numa cela de prisão, escolhendo tipos de criminosos, ou grupos de bêbados.
A: Explorar, brincando, aspectos temidos, papéis obscuros e repudiados.

■ QUE PARTE MINHA EU VENDI?

Escolha por duplas.

I: "Com seu parceiro de dupla, comente quais os aspectos de sua personalidade a que você renunciou ou reprimiu em maior ou menor grau. Você se lembra em que época de sua vida começou a agir assim? Quais os 'benefícios' que obteve ou que esperava obter? Esses benefícios ainda estão sendo mantidos? A que preço os manteve? Que significaria hoje poder recuperar os aspectos que foram vendidos? etc."

D: Reservamos no mínimo 15 minutos para os comentários da dupla. Depois passamos ao comentário geral ou, se alguns participantes desejarem, poderemos dramatizar as situações surgidas em sua experiência.

■ TESTE DE MANIFESTAÇÃO DO DESEJO (VER p. 162)

■ AS FANTASIAS

Todos se deitam, com os olhos fechados, e realizamos um exercício de relaxamento à meia luz.

I: "Imaginem que ao lado de cada um de vocês existe um baú fechado. Ele está cheio de fantasias. Abra-o, olhe e pegue a fantasia que quiser. Vista-a com cuidado, devagar, sem esquecer nenhuma peça ou detalhe.

Você está fantasiado e se reconhece com esse traje. É você.

Agora tire a fantasia, dobre-a com cuidado e torne a guardá-la.

Você olha de novo o baú e vê uma fantasia que não lhe agrada nem um pouco. Mesmo assim, veste-a com desvelo. Observe-se. Agora tire a fantasia e guarde-a.

Pela última vez você olha o baú e vê a fantasia que costuma 'usar no grupo'. Vista-a e observe-se. Tire-a e guarde-a".

As instruções são dadas com pausas necessárias à reflexão sobre as vivências que surgem a cada troca de fantasia.

V: Pode-se ir direto aos comentários gerais ou dramatizar a respeito das fantasias.

A: Encontro com os diversos papéis: temidos, utilizados habitualmente, usados como defesa.

QUANDO O GRUPO TERMINA

a. Até breve

■ FANTASIA DO FUTURO

I: "Este grupo chegou ao fim de sua jornada. Vamos nos separar, seguindo cada um seus projetos futuros. O que sugiro é que todos demonstrem, em várias cenas rápidas, como imaginam que será sua vida dentro, por exemplo, de um, cinco ou dez anos. (Esses prazos podem variar.) Podem recorrer aos companheiros para papéis auxiliares. Não é preciso desenvolver as cenas, basta que estas reflitam alguns momentos do futuro".

A: Compartilhar o momento atual do grupo e de seus componentes por meio da simbolização do futuro.

b. Despedindo-se de um amigo

■ A ESTAÇÃO

Quando algum membro anuncia que está saindo do grupo.

I: "Imaginem que estamos numa estação. X (o que está indo embora) vai tomar o trem dentro de poucos minutos. Deverá subir assim que o trem chegar, pois este só permanece alguns instantes na estação. Cada um se despede do seu jeito".

Descreve-se o cenário e X toma seu lugar na plataforma de embarque. Os demais aproximam-se individualmente ou em grupo.

D: O monitor anuncia a chegada do trem, depois de dar tempo às pessoas de criarem a vivência da separação. No papel de chefe de estação ele anuncia: "O expresso partirá dentro de ...(o tempo que considerar oportuno)". X "parte" no trem (com um solilóquio) e nós pedimos aos que ficaram que comentem entre si a partida de seu companheiro, mas dentro do papel que estão representando.

A: Elaboração da perda de um ente que se vai. Experiência da "pequena morte".

c. Acabou-se

■ FIM DA VIAGEM DE ÔNIBUS (DE NAVIO, DE TREM ...)

I: "No início do grupo fizemos um exercício que consistia em realizarmos juntos uma viagem de ônibus (ou de barco... Se isso não foi feito, começamos assim: 'O fim de um grupo é o fim de uma viagem em comum...'). Agora, a viagem terminou, e vamos nos despedir. Estamos no ônibus (indicamos o espaço), vamos descer (o monitor costuma participar, convocado muitas vezes para ser o motorista do ônibus) e dizer adeus. Recordamos as experiências importantes, as que mais nos impressionaram, as pessoas que nos ajudaram, as amizades que fizemos... Comentamos e compartilhamos uns com os outros. Fazemos projetos e nos despedimos 'para sempre'..."

A: Encerramento do grupo por meio de sua elaboração simbólica... e real.

■ A BOMBA ATÔMICA (POBLACIÓN)

I: "Sabemos que dentro de 15 (10, 20, 30...) minutos uma bomba atômica vai cair sobre nós, aqui. Façam o que quiserem nestes últimos minutos, considerando que o salão representa não apenas este espaço real como o resto do mundo".
A: Realizar aquilo que deixamos de fazer na vida. Interesses, motivações. Atitude diante da morte iminente. Fases evoluídas do grupo.

■ O ENTERRO DO GRUPO

I: "A vida do nosso grupo está chegando ao fim. Hoje mesmo ele vai morrer. Creio que o melhor a fazer é enterrá-lo, para que seu corpo não fique exposto à intempérie...
O grupo pode ser representado por um objeto ou cada um traz algo significativo para construí-lo...
Aqui está o grupo. Ele pode ser velado e depois enterrado. Cada um de nós pode proferir algumas palavras de despedida, nas quais emite sua opinião sobre o falecido e expressa seus sentimentos".
A: Processamento e elaboração final do transcurso do grupo como um todo. Um caminho para a despedida.

■ EU E O GRUPO (POBLACIÓN)

I: "Cada um de vocês deve encontrar um local no espaço. Comecem a explorar toda a extensão da sala. Vão encontrar determinado ponto, onde se sentirão mais à vontade e terão certeza de que é seu lugar. Sentem-se ou deitem-se no chão. Entrem em contato com a área que os circunda, fundam-se com o espaço e seus limites, desfrutem essa intimidade".
Após alguns minutos:
"Olhem em silêncio à sua volta. Reparem nos outros. Se seu desejo vier de um impulso interior, levantem-se e aproximem-se de algum ou alguns companheiros. Rapidamente transmitam-lhes algo, corporal ou verbalmente, e voltem aos seus lugares."
O exercício termina quando cessa o inter-relacionamento ou quando todos estão fora de seus postos e sem a menor intenção de retornar a eles.
A: Inclui um encerramento, uma despedida e a possibilidade de vivenciar simultaneamente a individualidade e o sentimento grupal.

PARA QUALQUER ETAPA OU FASE

■ JOGOS COM FANTOCHES

É conveniente possuir uma coleção de fantoches que contenham pelo menos: duas personagens femininas (jovem e adulta), duas masculinas (idem), uma bruxa/fada, um bruxo/mago, alguns animais (macaco, porco...), a morte (caveira) e uma figura de autoridade (guarda, policial).

V:

1: Espalham-se todos os fantoches no chão ou sobre uma mesa. O monitor pega um deles e convida todos a pegarem um também. Em seguida, encoraja as relações.

2: Criação e dramatização de uma cena, baseada nos fantoches escolhidos.

3: Criar uma cena e utilizar os fantoches para representá-la.

4. Realização de um teatro de fantoches (como cenário pode-se usar uma mesa tombada, uma lousa, o encosto de uma poltrona...) para representar uma cena dirigida ao grupo.

(Para uma ampliação de técnicas e teoria dos fantoches, máscaras e outros objetos intermediários, consultar, no nº 6 da revista *Vínculos*, o artigo deste autor, "Objetos intermediários".)

A: Para qualquer etapa ou fase.

■ JOGOS COM MÁSCARAS

Material: Cartolinas de 35x25cm, tesouras escolares, rolos de elásticos para prender as máscaras no rosto, pinturas para colori-las (ceras, tinta para pintura a dedo e outras).

V:

1. Cada um recorta sua própria máscara (com orifícios para os olhos e elásticos para mantê-las). Olha-se no espelho, vê e é visto, fazendo comentários e todo o tipo de comunicação voltada para o estímulo das máscaras.

2. Permutar as máscaras com diversos companheiros.

3. Pintura das máscaras que pode versar sobre variados temas: livre, meu ego oculto, minha cara boa, minha cara má, minha criança... etc. Neste jogo também olhamos para nós mesmos e nos relacionamos por meio das máscaras.

4. Modificação da máscara pintada na experiência anterior (ponto 3).

A: Em qualquer fase do grupo.

■ CONTO EM GRUPO (VER pp. 166-7)

■ PINTURA

Material: Cartolina ou papel grosso, tábuas para apoiar a cartolina, cera ou frascos de tinta para pintura a dedo.
V:
1. *Pintura em grupo*: sobre uma cartolina grande, todos pintam livremente.
2. *Pintura em grupo*: sobre uma cartolina grande, cada um pinta o que quer, acompanhando o círculo. Pode-se dar uma ou duas voltas.
3. Cada qual pinta, em cartolina individual, o tema proposto pelo grupo ou ao grupo: livre, minha família, meu retrato etc.

Em qualquer caso, pode-se passar diretamente ao comentário geral ou dramatizar, tendo as pinturas como estímulo.

■ COLAGEM

Material: Cartolina ou papel de embrulho, revistas, jornais, papéis coloridos, tesouras escolares e cola.
V: As mesmas que na pintura.

CASOS ESPECIAIS

Bipessoal

■ AS MÁSCARAS

Conforme a técnica descrita anteriormente:
1. Trabalho com máscara branca.
2. Pintura de máscara, por meio de distintas propostas e posterior dramatização.
3. Máscaras sucessivas que mostrem a evolução do processo psicodramático.
4. Máscaras de família ou de outros grupos a que pertence.

■ COM FANTOCHES

Com o material descrito anteriormente.
1. O fantoche que nos atrai. O fantoche fala, o protagonista dialoga com seu fantoche, o terapeuta pega um fantoche complementar para dialogar com o outro.

2. Pega diferentes fantoches para ir representando os diversos papéis do seu ego operante.
3. Dois fantoches, um em cada mão (refere-se aos papéis interiores) — dialogam entre si.

■ PINTURA E COLAGEM

De acordo com a técnica descrita.
1. Livre expressão plástica.
2. Expressão plástica de diversos aspectos pessoais: a máscara com a qual me apresento aos demais, meu filho, meu pai ou minha mãe interiores, meu lado bom, mau... etc.
3. Minha família ou outros grupos.

■ MASSINHA

Material: Massinha de uma ou várias cores, um pauzinho para modelar.
1. Como me vejo.
2. Minha família.
3. Etc.

A massinha permite que se brinque com os objetos e personagens criados, modificando-os, dramatizando situações etc.

Duplas

■ COM FANTOCHES (VER BLOCO ANTERIOR)

■ MÁSCARAS (IDEM)

■ PINTURA E COLAGEM (IDEM)

Uso de fantoches, máscaras e pintura, de acordo com as técnicas descritas.

■ SOU SUA MÃE

Determinar previamente a ordem em que será efetuado.
I: "Aquele que vai fazer o papel da mãe senta-se confortavelmente, enquanto o outro se aconchega em seu colo. Ambos com os olhos fechados. A 'mãe' mostra sua ternura com carinhos, sussurros etc., mas sem palavras (ou as mínimas possíveis)".
A: Exploração da capacidade de dar e receber carinho.

■ SEDUZINDO

I: "O que representa o papel de sedutor deve desenvolver toda sua arte para tentar convencer o seduzido a ter uma relação sexual com ele. Parte-se do princípio de que não são casados, mas duas pessoas que se encontram casualmente numa festa, por exemplo".
V: Pode-se exagerar e propor à mulher que assuma o papel de uma prostituta e o homem o de "cafetão".
A: Improvisar e brincar de explorar o papel da sedução.

Família

Na terapia familiar podem ser utilizados muitos dos jogos e exercícios descritos nas páginas anteriores, tais como O Corpo, Encontro do grupo, passeando, A corda, Com fantoches, As máscaras etc. Portanto, descreveremos apenas um jogo criado por Elisa López Barberá, destinado a famílias com filhos. Nele utiliza-se uma abordagem sobre a dinâmica familiar e o encontro pais-filhos, nas primeiras sessões:

■ JOGO DAS PERSONAGENS (LÓPEZ BARBERÁ)

Começa-se propondo que as crianças brinquem de teatro. Divide-se o espaço: a platéia, onde ficam os pais e, ao fundo, o cenário, com um canto reservado ao camarim.
I: "Cada criança vai ao camarim e fantasia-se (imaginariamente ou com os objetos ao seu alcance) de uma personagem que considera importante ou significativa. Uma vez 'fantasiada', passa do camarim para o cenário e rapidamente faz com que sua personagem atue e no fim assuma uma postura que o represente, que seja própria dessa personagem. Volta, então, ao camarim, mas deixa mentalmente fixa a personagem em sua postura. Retorna para outra representação e deixa novamente fixa a personagem atual no cenário, mas relacionada com a anterior".
A: Como resultado, teremos uma apresentação dos papéis significativos para as crianças e algumas "esculturas invisíveis", porém muito presentes entre aquelas personagens.
Daí em diante, os pais e outros familiares podem assumir aqueles papéis e brincar com as crianças, comentar as criações infantis etc.

Infância e adolescência

Na maioria dos métodos de psicoterapia de crianças, empregam-se muitos tipos de jogos. Seja com brinquedos comerciais, seja com brinquedos especialmente confeccionados para essa finalidade, fantoches, pintura e colagem, histórias e jogos infantis, qualquer meio lúdico serve para mobilizar, obter material importante ou como modalidade terapêutica direta.

Também é preciso considerar que devemos fazer grupos separados por idade na terapia infantil, assim como há necessidade de que os adolescentes tenham seus próprios grupos independentes.

Apoiados nas duas considerações anteriores, concluímos que não devemos ocupar o campo de jogos e exercícios na psicoterapia de crianças e adolescentes — que exigem uma atenção muito especial, o que escaparia aos limites desta obra ou reduziria nossa abordagem a algumas citações desprovidas de real segurança. Recomendamos, para isso, obras especializadas nessa área.

EPÍLOGO

Em 1969, Elisa e eu escrevemos uma obra de teatro infantil: *El crocodilo Pascual*, que foi representada no Teatro Espanhol de Madri, durante a temporada de 1970-71[1]. Foi escrita brincando. Improvisávamos antes cada cena sozinhos ou com algum amigo e depois corríamos para escrevê-la. E assim nasceu, surgiu e cresceu como um conto e um canto, que fizemos brincando.

Em *O crocodilo Pasqual* os protagonistas são uma menina e um menino, os irmãos Eli e Luís. Eles passam por uma série de experiências que os levará ao caminho do crescimento. No primeiro ato (aparecem sozinhos em casa) de natureza lúdica vital, alegre, expansiva, descobrem o outro protagonista, o Crocodilo Pasqual que, com imaginação e espontaneidade criadora, irá acompanhá-los ao longo de toda a obra.

No começo do segundo ato, as crianças acordam diante de uma enorme porta fechada, que os impede de ir adiante. Estão confusas e amedrontadas. Olham à sua volta e descobrem uma nova personagem, um vagabundo cego com uma guitarra. Pedem sua ajuda e lhe perguntam: "Você sabe o que existe por trás daquela porta?". O vagabundo responde:

"VAGABUNDO — (Rindo) Não se assustem, não moro dentro desse casarão, mas posso contar-lhes o que vocês vão encontrar. *(Entoa uma canção no estilo das canções de cego.)*

Por trás dessa enorme porta
haverá só solidão?
Passando para o outro lado

---

1. As críticas foram generosas, e nos sentimos muito gratificados pelos críticos e pelo público, mas nossa maior compensação foi que nossa filha Patricia, na época com dez anos, é hoje psicóloga, psicodramatista e dramaturga.

há um jardim vazio
uma praia sem ondas nem jogos
um salão sem brinquedos.
Do outro lado da porta
há regras e normas,
há letras numeradas,
caminhos sem cores
grama que não se pode pisar
Porém...
Por trás dessa enorme porta,
haverá só solidão?
Também...
há novos movimentos,
a luz já possui forma,
as letras são palavras
e o ruído é harmonioso.
Existe um espelho branco
onde a gente se vê maior,
existem outras crianças
que desejam conhecer vocês.

(O VAGABUNDO vai se retirando, mas as crianças procuram detê-lo.)

Eli — E o crocodilo?
Vagabundo — Um dia ele virá.
Luís — Onde está o crocodilo?
Vagabundo — Dentro e fora.
Eli — Ele virá?
Vagabundo — Virá!
Por trás dessa enorme porta, não há só solidão...
Se souberem procurar, verão música, alegria...
e um novo caminho que os levará...
Crianças — Para onde? Para onde?
Vagabundo — Haverão de encontrar... (*vai desaparecendo*)"

No jogo do segundo ato aparecem novos componentes. Somam-se momentos de alegria e dor. São mundos novos, espaços desconhecidos, nos quais as crianças vão aprendendo a se desenvolver com a ajuda do Crocodilo Pascual. No terceiro ato precisam atravessar novas portas, surgem outras dimensões e outras personagens. Multiplicam-se os jogos e as situações, até que em dado momento aparecem os pais (verdadeiros), já que os próprios atores representaram os principais antagonistas em papéis simbólicos durante a obra.

Depois da efusão do encontro, as crianças perguntam se já podem ficar com os pais para sempre. A resposta é: "À medida que forem crescendo, terão de atravessar outras portas". "Muitas?" "Muitas."

Na cena começam a aparecer portas e todos iniciam uma canção, com a qual termina a peça.

"Para atravessar as portas
precisamos
cantar, muitas vezes,
e de uma mão, outras vezes.
Com amor, com música, com um pouco de ilusão.
Se uma porta não se abrir
não se ponha a lamentar
pois a solução consiste
em tornar a empurrar.
Com amor, com música, com um pouco de ilusão.
Por trás de cada porta
há surpresas; mais de cem
lutas e discórdia,
e coisas lindas também.
Com amor, com música, com um pouco de ilusão.
por mais portas que atravessem
elas nunca terão fim
pois sempre irão descobrir
outras portas para abrir.
Com amor, com música, com um pouco de ilusão.
Se de repente encontrarem
quem não consegue ir adiante
estendam-lhe suas mãos
e juntos caminharão
Com amor, com música, com um pouco de ilusão."

Hoje, ainda me deparo com muitas portas a transpor, mas tenho o privilégio de contar com as mãos de "outros", com quem posso brincar e cantar ao longo do caminho.

Gostaria que meus leitores, embora distantes, tomassem parte entre si e junto comigo, desses encontros extraordinários.

Talvez essas linhas tenham sido desnecessárias, mas, para terminar o livro, eu quis compartilhar minhas lembranças remotas, que se transformaram, uma vez mais em mim, no jogo da vida.

BIBLIOGRAFIA

ABBOTT, E. A. *Flatland.* Signet Classic, EUA, Penguin Group, 1984.
ALBERT, L. e SIMON, P. *Las relaciones interpersonales. Manual del animador.* Barcelona, Herder, 1979.
ALONSO-FERNÁNDEZ. *Cuerpo y comunicación.* Madri, Pirámide, 1982.
ARRABAL, F. *El cementerio de automóviles.* Madri, Taurus, 1965.
BACH, G. R. *Psicoterapia intensiva de grupo.* Buenos Aires, Paidós, 1958.
BATESON, G. *Pasos hacia una ecología de la mente.* Buenos Aires, Carlos Lohlé, 1985.
BAVELAR, J. B. e JACKSON, D. D. *Teoría de la comunicación humana.* Barcelona, Herder, 1991.
BERNARD, M. *El cuerpo.* Buenos Aires, Paidós, 1980.
BERTALANFFY, L. VON. *Teoría general de los sistemas.* Madri, Fondo de Cultura Económica, 1981.
BION, W. R. *Experiencia en grupos.* Barcelona, Paidós, 1985.
BOAL, A. *200 exercícios e jogos para o ator e o não ator com vontade de dizer algo através do teatro.* Brasil, Civilização Brasileira S. A., 1995.
BOWLBY, J. *Vínculos afectivos: formación, desarrollo y pérdida.* Madri, Morata, 1986.
BUNGE, M. *El problema cerebro-mente.* MORA F. (ed.) Madri, Alianza, 1995.
BUSTOS, D. *Nuevos rumbos en psicoterapia.* Buenos Aires, Momento, 1985.
CAILLOIS, R. *Los juegos y los hombres.* México, Fondo de Cultura Económica de México, 1967.
COROMINAS, J. *Breve Diccionario Etimológico de la Lengua Castellana.* Madri, Gredos, 1967.
COVARRUBIAS, S. *Tesoro de la lengua castellana o española.* Barcelona, Alta Fulla, 1993.
COX. *La fiesta de locos.* Madri, Taurus, 1986.
DE BONO, E. *Lógica fluida.* Barcelona, Paidós, 1996. *Diccionario de la Lengua Española.* Edición 1992. *Diccionario Enciclopédico Espasa.* Edición 1981.

EIBL-EIBESFELDT. *Etología*. Barcelona, Omega, 1979.
ENDE, M. *El espejo en el espejo*. Madri, Alfaguara, 1989.
ESPINA BARRIO, J. A. *Psicodrama. Nacimiento y desarrollo*. Salamanca, Amarú, 1995.
FAST, J. *El lenguaje del cuerpo*. Barcelona, Kairos, 1971.
FONSECA FILHO, J. S. *Psicodrama da loucura*. São Paulo, Ágora, 1980.
FOULKES, S. H. e ANTHONY, E. J. *Psicoterapia psicoanalítica de grupo*. Buenos Aires, Paidós, 1964.
FOURNEAUT MONTEIRO, R. *Jogos dramáticos*. São Paulo, Ágora, 1994.
FRIED SCHNITMAN, D. *Nuevos paradigmas, cultura y subjetividad*. Buenos Aires, Paidós, 1994.
FRITZEN, S. J. *70 ejercicios prácticos de dinámica de grupo*. Santander, Sal Terre, 1988.
GILI, E. e O'DONNELL, F. *El juego*. Barcelona, Granica, 1978.
GÓMEZ, E. A. "Constructivismo radical". Revista *Psicopatología*, nº 14-2º (51-54), 1994.
GREGORY, R. L. *Diccionario Oxford de la Mente*. Madri, Alianza, 1995.
HALL, E. T. *The silent language*. Nova York, Doubleday and Co., 1959.
JASPERS, K. *Psicopatología general*. Buenos Aires, Beta, 1955.
KAPLAN, H. I.; FREEMAN, A. M. e SADOCK, B. J. *Comprehensive textbook of psychiatry*. Londres, Williams & Williams, 1980.
KNAPP, M. L. *La comunicación no verbal*. Barcelona, Paidós, 1982.
LEACH, E. *Cultura y comunicación*. Madri, Siglo XXI, 1993.
LEBEL, J. J. *El happening*. Argentina, Nueva Visión, 1967.
LEUTZ, G. A. *Mettre sa vie en scène*. Paris, Epi, 1985.
LEVINTON, F. *Juegos psicológicos para parejas*. Buenos Aires, Salva Juro, 1985.
LÓPEZ BARBERÁ, E. "Mujeres al borde de un ataque de peso". *XIV Jornadas Nacionales de Terapia Familiar*. Federación Española de Asociaciones de Terapia Familiar. Santiago de Compostela, 1993.

———. " La escena del desencuentro". Congreso de la Asociación Española de Psicodrama. La Coruña, 1996.

———. "Encuentro com el duelo, la muerte y el morir". Revista *Informaciones Psiquiátricas*, nº 140.

———. e POBLACIÓN, P. *La escultura y otras técnicas activas*.
LORENZ, K. *Sobre la agresión, el pretendido mal*. Madri, Siglo XXI, 1985.
LOWENSTEIN, G. "The psychology of curiosity: A review and reinterpretation". *Psychological Bulletin*, vol. 116, nº 1. 1994.
MARINA, *Teoría de la inteligencia creadora*. Barcelona, Anagrama, 1993.
MARINEAU, R. J. L. *Moreno et la troisième révolution psychiatrique*. Paris, Mêtailié, 1989.
MARTINEZ BOUQUET, C.; MOCCIO, F. e PAVLOVSKY, E. *Psicodrama. ¿Cuando y por qué dramatizar?* Buenos Aires, Busqueda, 1985.
MASTERS, W. H. e JOHNSON, V. E. *Incompatibilidad sexual humana*. Buenos Aires, Intermédica, 1972.
MATOSO, E. *El cuerpo, territorio escénico*. Buenos Aires, Paidós, 1992.
MATURANA, H. e VARELA, F. *El arbol del conocimiento*. Madri, Debate, 1987.

MENEGAZZO, C. M. *Magia, mito y psicodrama*. Buenos Aires, Paidós, 1981.
MOCCIO, F. *El taller de terapias expresivas*. Barcelona, Paidós, 1980.
──────. e MARTINEZ, H. *Psicoterapia grupal, dramatizaciones y juegos*. Buenos Aires, Búsqueda, 1987.
MONTEIRO, R. F. *Jogos dramáticos*. São Paulo, Ágora, 1994.
MORA, F. (ed.) *El problema cerebro-mente*. Madri, Alianza, 1995.
MORENO, J. L. *Invitación al encuentro*. 1914.
──────. *Das psychodrama*. Berlim, 1957.
──────. *Psicoterapia de grupo y psicodrama*. México, Fondo de Cultura Económica de México, 1916.
──────. *Las bases de la psicoterapia*. Buenos Aires, Paidós, 1967.
──────. *Psicodrama*. Buenos Aires, Paidós, 1972.
──────. "Spontaneity theory of child development". Revista *Sociometry*, t. VII, 1994.
MOTTA, J. M. C. *Jogos: repetição ou criação?* São Paulo, Plexus, 1994.
──────. (org.) *O jogo no psicodrama*. São Paulo, Ágora, 1995.
PERAZZO, S. "El carácter ambivalente de las pasiones". Revista *Vínculos*, nº 4, Inverno, 1992. I.T.G.P. Madri.
──────. "Subjetividade e psicodrama". Mesa-Redonda. Sociedade de Psicodrama de São Paulo. Novembro de 1992.
──────. "Persefone e o mendigo: a força iluminadora e a restauração estética do Psicodrama". Painel de debates nº 1. Seminário Brasileiro de Teoria do Psicodrama. Serra Negra, outubro, 1993.
──────. "Tele e transferências: nova revisão crítica". Em *Ainda e sempre psicodrama*. São Paulo, Ágora, 1994.
PÉREZ-REVERTE, A. *La tabla de flandes*. Madri, Alfaguara, 1992.
POBLACIÓN KNAPPE, P. em *Psicología dinámica grupal*. Madri, Fundamentos, 1980.
──────. "La escena primigenia y el proceso diabólico". Revista *Informaciones Psiquiátricas*, nº 115, 1989.
POBLACIÓN KNAPPE, P. "El sistema-escena en el Psicodrama". Revista *Psicopatologia*, 10, 30, Madri, 1990.
──────. E col. *Apuntes de Psicodrama*. I.T.G.P. Madri, 1990.
──────. "Sueños y Psicodrama". Revista *Vínculos*, nº 2. I. T. G. P. Madri, 1991.
──────. "Psicologia dinámica grupal". Revista *Vínculos*, nº 6, outono, I.T.G.P. Madri, 1992.
──────. e LÓPEZ BARBERÁ, E. "Técnicas psicodramáticas". Revista *Vínculos*, nº 6, Madri, 1992.
RITTERMAN, M. *Empleo de la hipnosis en terapia familiar*. Buenos Aires, Amorrortu, 1988.
SALTZER, J. *La expresión corporal*. Barcelona, Herder, 1984.
SCHUTZ, W. *Todos somos uno. La cultura de los encuentros*. Buenos Aires, Amorrortu, 1971.
SCHUTZENBERGER, A. A. *Introducción al psicodrama*. Madri, Aguilar, 1970.
SÍLVIA JR., A. *Jogos para terapia, treinamento e educação*. Panamá, Imprensa, 1982.
VALLEJO-NÁJERA, A. *Tratado de psiquiatría*. Madri, Salvat, 1954.

WATZLAWICK, P. *El lenguage del cambio*. Barcelona, Herder, 1986.
WINNICOT, *Realidad y juego*. Argentina, Granica, 1972.
WITTEZAELE, J. J. e GARCIA, T. *La escuela de Palo Alto*. Barcelona, Herder, 1994.
YUDI, K. e YOZO, R. *100 jogos para grupos*. São Paulo, Ágora, 1995.
ZAGHA KAPULSHI, F. J. *O alcance psicoterapêutico do jogo dramático com adolescentes, fundamentado nas diferentes fases da matriz de identidade e no núcleo do eu*. Out. de 1990.

Pablo Población Knappe é espanhol. Doutorou-se em medicina e cirurgia pela Faculdade de Medicina de Madri.

Foi um dos fundadores da Associação Espanhola de Psicodrama, a qual já presidiu, assim como da Sociedade Espanhola de Psicoterapia e Técnicas de Grupo.

Atualmente, além de sua prática profissional, é diretor do Instituto de Técnicas de Grupo e Psicodrama (ITGP).

Población tem outro livro publicado, em parceria com Elisa López Barberá, *La escultura y otras técnicas psicodramáticas* (Paidós, 1998).

Seu namoro com o teatro é antigo e transcende o psicodrama. Ele escreveu duas peças: uma, em 1969, "La sesión", e outra em 1973, "El cocodrilo Pascual", várias vezes encenadas.

Nas horas de lazer, Población é avô, pescador, pintor e mestre-cuca.

Leia também

AINDA E SEMPRE PSICODRAMA
Sergio Perazzo

Um dos mais importantes psicodramatistas brasileiros apresenta uma revisão crítica da Teoria do Núcleo do Eu, Teoria dos Papéis, Teoria da Espontaneidade e Tele, entre outros, permitindo uma atuação e revigoração do pensamento de Jacob Levy Moreno.

DEFESAS DO EGO
Leitura didática de seus mecanismos
Wilson Castello de Almeida

O grande feito deste livro é o de reunir de forma clara e concisa todos os complexos conceitos sobre o desvendamento dos mecanismos de defesas do Ego, dispersos em inúmeras obras. Útil e interessante, esta é uma obra fundamental para estudantes e profissionais de psicologia, psicanálise, psicodrama, medicina e áreas afins.

DO ANIMAL AO HUMANO – UMA LEITURA PSICODRAMÁTICA
José Carlos Landini

Uma revisão dos conceitos originários da física e da antropologia moreniana, é assim que o próprio autor descreve esta obra. Trata-se de um balanço amplo e detalhado dos conceitos do psicodrama, uma análise ousada, temperada por inúmeras leituras, entre elas, a do revolucionário Fritjof Capra. Indicado tanto para estudantes quanto para psicodramatistas sempre abertos a novos questionamentos.

GERONTODRAMA: A VELHICE EM CENA
Estudos clínicos e psicodramáticos sobre o envelhecimento e a terceira idade
Elisabeth Maria Sene Costa

A autora, médica psiquiatra e psicodramatista, vem atuando há mais de 15 anos com idosos. Aos poucos foi agregando uma série de abordagens às técnicas do psicodrama imprimindo um cunho pessoal ao seu trabalho, que batizou de gerontodrama.
O livro, que também apresenta os aspectos conceituais e clínicos do envelhecimento, é um guia completo para quem quer seguir essa especialização, ou para qualquer pessoa com curiosidade sobre o envelhecer. A apresentação é de José de Souza Fonseca Filho.

O PSICODRAMA EM FOCO
E seus aspectos terapêuticos
Peter Felix Kellermann

Uma abordagem curiosa, esclarecedora e sistemática da teoria e da prática do psicodrama feita por um discípulo de Zerka Moreno, do Instituto Moreno de Nova York. Kellermann é um dos maiores pensadores do psicodrama da atualidade. No prefácio do livro, Jonathan, filho de Moreno, atribui a este trabalho a prova de que, ao contrário do que se pensa, há um aparato teórico, rico e original na base do psicodrama. Recomendado a todos os que apreciam a atualização inteligente desta prática.

PAIXÕES E QUESTÕES DE UM TERAPEUTA
Alfredo Naffah Neto

Este livro reúne textos em que o autor relata sua evolução profissional como psicodramatista. Conhecido por suas leituras dialéticas do psicodrama, Alfredo Naffah Neto revela aqui o peso da influência nietzchiana, das leituras de Deleuze e Guattari em suas experiências profissionais e aspectos de seu agir terapêutico.

PSICOLOGIA DO ENCONTRO: J. L. MORENO
Eugenio Garrido Martín

Obra conhecida e respeitada no meio *psi*, este livro faz a sistematização das teorias de Moreno de forma abrangente, através do olhar perspicaz de Garrido, um cientista social e antropólogo. Ele demonstra sua enorme importância no contexto sociohumano, enfatizando a contribuição do criador da psicoterapia de grupo, da sociometria e das terapias de ação.

PSICOTERAPIA BREVE
Abordagem sistematizada de situações de crise
Eduardo Ferreira-Santos

A psicoterapia breve, no trato de situações de crise, é cada vez mais adotada no mundo todo por ter se revelado um instrumento eficaz e adequado às dificuldades da atualidade. O autor é um dos precursores dessa modalidade de terapia no Brasil. Neste livro, ele apresenta um modelo de ação que pode incluir o uso das técnicas psicodramáticas. Recomendado para todos os profissionais *psi* e demais interessados em saúde.

SOBREVIVÊNCIA EMOCIONAL
As dores da infância revividas no drama adulto
Rosa Cukier

Série de artigos que enfoca um tema emergente e pouco analisado, o "borderline". A partir de uma experiência pessoal familiar, a autora desenvolveu um trabalho que abrange a "criança ferida", os processos narcisísticos e os dissociativos. A abordagem é psicodramática, mas se aplica a diversas formas de terapia. Útil e tocante, ele serve tanto ao profissional quanto às pessoas envolvidas com tais pacientes.

TEMAS PROIBIDOS
Ações estratégicas para grupos
Antony Williams

Criativo e original, este livro é dirigido a profissionais que trabalham com grupos, em qualquer área. O título refere-se àqueles assuntos que, inconscientemente, são evitados em nome de lealdades invisíveis, impedindo o grupo de avançar com espontaneidade. Escrito por um experiente terapeuta familiar e psicodramatista, ele oferece técnicas de aquecimento no sentido de provocar transformações. Leitura indispensável para líderes de grupos, em especial na área empresarial.